项目资助：中国科学院发展规划局项目"2021创新发展相关战略研究"（E1X12816）；
国家社会科学基金重大项目"创新引领发展的机制与对策研究"（18ZDA101）

2021

中国区域创新发展报告

Report on China's Regional Innovation and Development

建设超级智能科学城

穆荣平 蔺 洁◎主 编

曲 婉 王 婷◎副主编

科 学 出 版 社

北 京

内 容 简 介

本报告包括主题报告和技术报告两部分。主题报告以"建设超级智能科学城，强化区域创新发展引擎"为主线，全面分析了我国区域创新发展的新格局、新趋势，主要国家科学城发展经验，以及中国科学城发展特征、现状与问题，提出建设超级智能科学城的政策取向。技术报告阐述了区域创新发展指标体系和区域创新能力指标体系，分析了 2011~2020 年中国区域创新发展水平和区域创新能力演进态势与特征，研究评估了 30 个省区市创新发展水平和创新能力演进态势与特征。

本报告是面向决策和面向公众的年度报告，有助于政产学研和社会公众了解中国区域创新发展趋势与格局、区域创新发展战略和政策，可供各级政府相关部门决策和政策制定参考。

图书在版编目（CIP）数据

2021中国区域创新发展报告：建设超级智能科学城 / 穆荣平, 蔺洁主编. -- 北京：科学出版社，2024.8
ISBN 978-7-03-075621-3

Ⅰ. ① 2… Ⅱ. ①穆… ②蔺… Ⅲ. ①区域经济—国家创新系统—研究报告—中国—2021 Ⅳ. ① F127

中国国家版本馆 CIP 数据核字（2023）第 094149 号

责任编辑：牛 玲 姚培培 / 责任校对：何艳萍
责任印制：赵 博 / 封面设计：有道文化

科 学 出 版 社 出版
北京东黄城根北街16号
邮政编码：100717
http://www.sciencep.com

北京市金木堂数码科技有限公司印刷
科学出版社发行 各地新华书店经销

*

2024 年 8 月第 一 版 开本：720×1000 1/16
2024 年 9 月第二次印刷 印张：12 3/4 插页：2
字数：200 000
定价：98.00 元
（如有印装质量问题，我社负责调换）

前　言

　　《中华人民共和国国民经济和社会发展第十四个五年规划和2035年远景目标纲要》中提出，"支持北京、上海、粤港澳大湾区形成国际科技创新中心，建设北京怀柔、上海张江、大湾区、安徽合肥综合性国家科学中心，支持有条件的地方建设区域科技创新中心"。党的二十大报告中明确指出"统筹推进国际科技创新中心、区域科技创新中心建设"。2023年政府工作报告中进一步指出"推进国际和区域科技创新中心建设，布局建设综合性国家科学中心"。以国际（区域）科技创新中心和综合性国家（区域）科学中心建设为契机，北京怀柔科学城、上海张江科学城、合肥滨湖科学城、深圳光明科学城、东莞松山湖科学城和广州南沙科学城等新一轮科学城建设逐渐兴起。新一轮科学城以重大科技基础设施集群建设为主要标志，强化前瞻性基础研究和前沿引领技术攻关以及战略领域技术系统能力，正在改变着我国重大科技基础设施和国家战略科技力量布局，影响着国家科技和产业的发展方向。立足新发展阶段，以建设超级智能科学城为发展目标，着力重大科技基础设施集群功能开发与模块化数字化发展，推动重大科技基础设施及平台服务产业系统创新，推动创新驱动数字赋能新兴产业和未来产业发展，推动科学城数字政府与社会服务创新可持续发展，推动数字赋能科学文化与绿色生态环境创新发展，将科学城打造成区域创新发展新引擎，开辟发展新领域新赛道。

《2021 中国区域创新发展报告：建设超级智能科学城》（以下简称为"本报告"）继承和发展了《2009 中国创新发展报告》中区域创新能力概念和指数评价理论方法，延续了《2019 中国区域创新发展报告》和《2020 中国区域创新发展报告》中区域创新发展指数和区域创新能力指数两大指标体系，监测了 2011~2020 年我国 30 个省（自治区、直辖市，以下简称省区市）的创新发展进程。本报告包括主题报告（第一章）和技术报告（第二章～第六章）两部分。主题报告以"建设超级智能科学城，强化区域创新发展引擎"为主线，全面分析了我国区域创新发展的新格局、新趋势，主要国家科学城发展经验，以及中国科学城发展特征、现状与问题，提出建设超级智能科学城的政策取向。技术报告阐述了区域创新发展指标体系和区域创新能力指标体系，分析了 2011~2020 年中国区域创新发展水平和区域创新能力演进态势与特征，研究评估了 30 个省区市创新发展水平和创新能力演进态势与特征。

本报告凝聚了中国科学院创新发展研究中心研究人员长期的研究积累和智慧。主编穆荣平研究员负责本报告总体设计、重要概念、指标体系与主题报告（第一章）框架确定；主编蔺洁副研究员负责本报告的指标体系构建、指数测算，主题报告的框架构思、撰写，以及技术报告（第二章～第六章）的框架构思、统稿工作；副主编曲婉副研究员在指标体系构建方面做了大量基础性研究工作；副主编王婷副研究员负责主题报告和技术报告部分章节的构思和撰写工作。主题报告主要由穆荣平研究员统稿。其中，第一章第一节由蔺洁、池康伟执笔，第二节由王婷、池康伟、蔺洁、陈晓怡执笔，第三节由蔺洁、池康伟执笔，第四节由穆荣平、蔺洁、王婷、池康伟执笔。技术报告主要由蔺洁副研究员统稿。其中，第二章由蔺洁执笔；第三章由张婧婧执笔；第四章由李雨晨执笔；第五章由张婧婧、蔺洁执笔；第六章第一节和第二节由赵彦飞执笔，第三节和第四节由孙静林执笔，第五节和第十节由刘亚亚执笔，第六节和第七节由宋卿清执笔，第八节和第九节由陈熹微执笔。夏雪负责本报告中所用统计数据的搜集与核查工作。

　　本报告是中国科学院创新发展研究中心不断深化对区域创新能力、创新发展螺旋式演进动力机制和创新发展规律的认识，推动中国区域创新发展政策实验，探索中国区域创新发展道路的阶段性研究成果。由于报告所研究的问题横跨多个学科并存在动态复杂性，加上研究团队对于研究问题认识存在局限性，一定存在许多问题值得进一步深入研究和探讨。我们衷心希望与国内外专家学者合作，共同探讨区域创新发展理论方法和政策研究问题，为不断推动区域创新发展实践做出应有的贡献。

中国科学院创新发展研究中心主任

穆荣平

2024 年 6 月

目　录

第一章

建设超级智能科学城，强化区域创新发展引擎

第一节　区域创新发展新格局新趋势

新技术革命和产业变革正在加速重构全球创新版图和竞争格局。中国正处于建设世界科技强国、跻身创新型国家前列的历史进程中，迫切需要打造以国际科技创新中心为枢纽引擎的引领型国家创新发展体系，建设一批科学城为核心载体的综合性国家（区域）科学中心，夯实中国式现代化物质技术基础，引领带动中国高质量发展。近年来，我国先后布局建设北京、上海、粤港澳大湾区 3 个国际科技创新中心，北京怀柔、上海张江、安徽合肥、大湾区 4 个综合性国家科学中心，并在成都、重庆、武汉、西安等国家中心城市布局建设区域科技创新中心和综合性科学中心，旨在着力打造区域创新发展新引擎，开辟发展新领域新赛道。

一、区域创新发展呈现新格局

（一）中国区域创新发展呈现能力与水平同步的态势

中国区域创新发展水平与能力总体趋于协调，总体呈现四个模块聚类特征。依据区域创新能力指数和区域创新发展指数排名，30 个省区市[①]可分为

[①]　省区市是省、自治区、直辖市等省级行政区的缩写。由于统计数据缺失和统计口径差异等原因，西藏自治区、台湾省、香港特别行政区、澳门特别行政区的数据未纳入本报告评价样本集。

创新发展领先型、创新发展先进型和创新发展追赶型三大类。其中，创新发展追赶型可以进一步细分为追赶Ⅰ型和追赶Ⅱ型。2011~2020 年，中国区域创新发展格局出现"类际"、"跃迁"和"跌落"现象（图 1-1、图 1-2），创新领先型和创新先进型省区市范围均有所变化。一是创新领先型省区市范围缩小。天津退出创新发展领先型省区市行列，北京、上海、广东、江苏、浙江 5 个东部省市仍为创新发展领先型省区市。二是创新发展先进型省区市范围扩大。中西部省区市崛起趋势明显，河南、四川新进入创新发展先进型省区市行列，安徽、湖北从创新发展先进型省区市中游前进至上游。三是东北地区创新发展水平和创新能力下滑显著，辽宁、吉林、黑龙江均为创新发展

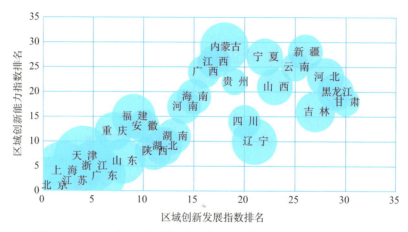

图 1-1　2011 年中国区域创新发展格局图（气泡大小表征人均 GDP）

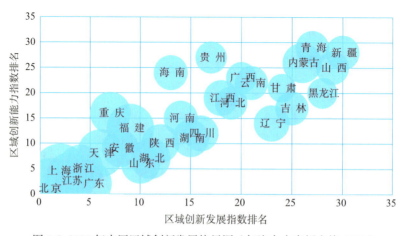

图 1-2 2020 年中国区域创新发展格局图（气泡大小表征人均 GDP）

追赶型省区市。总体而言，2011~2020年，全国各省区市的创新能力指数和创新发展指数排名之间偏差变小，呈现创新能力与创新发展同步态势，个别省区市梯队跃迁在很大程度上与其创新发展体制机制改革和创新发展思路正相关。

（二）中部省市创新能力和创新发展水平快速提升

2011~2020年，30个省区市创新能力和创新发展水平均有显著提升（图1-3），中西部省区市快速崛起趋势明显。从区域创新能力指数来看，中部省份区域创新能力指数年均增速较快，江西、安徽、河南、湖南4个中部省份区域创新能力指数年均增速高于30个省区市平均值增速，其中江西省以11.63%的年均增速居第2位。区域创新活动规模快速扩大是创新能力提升主要原因，例如江西、安徽、湖南、河南等中部省份创新实力指数年均增速居全国前10位。从创新发展指数来看，中西部省区市创新发展水平提高较快，安徽和湖北创新发展指数年均增速居前5位。分项指数来看，安徽、湖北、

图 1-3　2011~2020 年，30 个省区市创新能力和创新发展指数排名

湖南等中部省份科学技术发展指数和产业创新发展指数增速较快，均高于 30 个省区市平均值增速，且安徽、湖北和湖南区域产业创新发展指数年均增速分别居第 2 位、第 3 位和第 6 位。但是，中西部省区市的社会创新发展指数和环境创新发展指数增速总体较为缓慢，滞后于其科技发展和产业创新发展指数增速。

（三）区域创新发展格局中区域差距呈现扩大趋势

区域创新发展仍呈现"东强西弱、南强北弱"的发展格局，不同类型省区创新发展差距呈现扩大趋势。纵观格局变化，2011~2020 年，创新领先型省区市的范围在缩小，天津从创新发展领先型省区市行列跌落至创新发展先进型省区市行列；创新发展先进型省区市范围在扩大，河南、四川从创新发展追赶型进入创新发展先进型省区市行列。在这一进程中，没有任何省区市实现向创新发展领先型的跃升。从指数上来看，创新发展领先型省区市的区域创新发展指数和区域创新能力指数的平均值与创新发展先进型省区市、追赶型省区市的平均值之间的差距在不断扩大。2011~2020 年，从区域创新发展指数平均值来看，创新发展领先型省区市与创新发展先进型省区市之间的差值由 7.51 扩大至 10.47，创新发展先进型省区市与创新发展追赶型省区市之间的差值由 3.63 扩大至 4.11。从区域创新能力指数平均值来看，创新发展领先型省区市与创新发展先进型省区市之间的差值由 6.16 扩大至 16.92，创新发展先进型省区市与创新发展追赶型省区市之间的差值由 2.68 扩大至 4.20。

二、区域创新发展呈现新趋势

（一）科技创新中心建设强化城市创新枢纽功能

建设科技创新中心肩负着依托中心城市培育国家（区域）创新发展枢纽引擎的历史使命，党的二十大报告进一步强调"统筹推进国际科技创新中心、区域科技创新中心建设"[①]。2013 年 9 月 30 日，习近平在中共中央政治局第九次集体学习会上指出，"面向未来，中关村要加大实施创新驱动发展战略

---

① 习近平：高举中国特色社会主义伟大旗帜 为全面建设社会主义现代化国家而团结奋斗——在中国共产党第二十次全国代表大会上的报告. 2022-10-25. http://www.gov.cn/xinwen/2022-10/25/content_5721685.htm.

力度，加快向具有全球影响力的科技创新中心进军，为在全国实施创新驱动发展战略更好发挥示范引领作用"①。2014年2月26日，习近平总书记视察北京工作时，明确将全国科技创新中心与全国政治中心、文化中心、国际交往中心一起作为北京城市战略定位。2014年5月，习近平总书记在上海考察时要求上海加快向具有全球影响力的科技创新中心进军。2016年3月，《中华人民共和国国民经济和社会发展第十三个五年规划纲要》明确提出，"充分发挥高校和科研院所密集的中心城市、国家自主创新示范区、国家高新技术产业开发区作用，形成一批带动力强的创新型省份、城市和区域创新中心"②。2017年7月1日，《深化粤港澳合作推进大湾区建设框架协议》明确提出合作目标"打造国际科技创新中心"③。2019年2月18日，中共中央、国务院印发《粤港澳大湾区发展规划纲要》，明确提出要将粤港澳大湾区建设成为具有全球影响力的国际科技创新中心④。2020年1月3日习近平主持召开的中央财经委员会第六次会议明确提出，要强化重庆和成都的中心城市带动作用，使成渝地区成为具有全国影响力的重要经济中心、科技创新中心⑤。

2020年11月发布的《中共中央关于制定国民经济和社会发展第十四个五年规划和二〇三五年远景目标的建议》⑥，明确提出布局建设综合性国家科学中心和区域性创新高地，支持北京、上海、粤港澳大湾区形成国际科技创新中心。2021年3月发布的《中华人民共和国国民经济和社会发展第十四个五年规划和2035年远景目标纲要》⑦进一步明确，"支持北京、上海、粤港澳大湾区形成国际科技创新中心，建设北京怀柔、上海张江、大湾区、安徽合

① 新华社. 习近平在中共中央政治局第九次集体学习时强调，敏锐把握世界科技创新发展趋势，切实把创新驱动发展战略实施好. 2013-10-01. https://www.gov.cn/ldhd/2013-10/01/content_2499370.htm.

② 中华人民共和国国民经济和社会发展第十三个五年规划纲要. 2016-03-17. https://www.gov.cn/xinwen/2016-03/17/content_5054992.htm.

③ 《深化粤港澳合作 推进大湾区建设框架协议》全文. 2017-07-01. https://www.cnbayarea.org.cn/policy/policy%20release/files/content/post_106732.html

④ 中共中央 国务院印发《粤港澳大湾区发展规划纲要》. 2019-02-18. https://www.gov.cn/zhengce/202203/content_3635372.htm#1.

⑤ 新华社. 习近平主持召开中央财经委员会第六次会议. 2020-01-03. https://www.gov.cn/xinwen/2020/01/03/content_5466363.htm.

⑥ 中共中央关于制定国民经济和社会发展第十四个五年规划和二〇三五年远景目标的建议. 2020-11-03. https://www.gov.cn/zhengce/2020/11/03/content_5556991.htm.

⑦ 中华人民共和国国民经济和社会发展第十四个五年规划和2035年远景目标纲要. 2021-03-13. https://www.gov.cn/xinwen/2021/03/13/content_5592681.htm.

肥综合性国家科学中心，支持有条件的地方建设区域科技创新中心。"2021年10月，中共中央、国务院印发《成渝地区双城经济圈建设规划纲要》明确提出成渝共建具有全国影响力的科技创新中心[①]。此后，国务院及有关部门又陆续审核批复建设武汉、西安等区域科技创新中心。目前，科技创新中心建设已经形成 3+3+N 的国家（区域）区域创新发展枢纽城市总体布局，包括北京、上海、粤港澳大湾区 3 个国际科技创新中心，成渝、武汉和西安 3 个区域科技创新中心，多个中心城市布局创建区域科技创新中心。值得指出的是，从区域科技创新中心到国际科技创新中心的演进，不仅是综合性科学中心向综合性国家科学中心的功能定位上提升，更是引领产业从国内走向世界的创新能力系统跃升的过程，是把握新技术革命与产业变革战略机遇并实现创新驱动数字转型高质量发展的创新枢纽引擎能力形成的过程。

（二）综合性科学中心建设强化原始创新策源地

综合性科学中心建设旨在布局建设科技基础设施和前沿交叉研究平台，培育集聚高水平研究型大学、国家科研机构和科技领军企业研发机构等战略科技力量，系统提升科学价值和技术价值创造能力，打造原始创新策源地。2016 年 2 月，国家发展改革委和科技部联合批复同意建设上海张江综合性国家科学中心。2016 年 3 月，《国民经济和社会发展"十三五"发展规划纲要》[②]中明确提出"加快能源、生命、地球系统与环境、材料、粒子物理和核物理、空间和天文、工程技术等科学领域和部分多学科交叉领域国家重大科技基础设施建设，依托现有先进设施组建综合性国家科学中心"。2016 年 8 月，《"十三五"国家科技创新规划》[③]中明确"依托北京、上海、安徽等大科学装置集中的地区建设综合性国家科学中心"。2017 年 1 月和 5 月，国家发展和改革委员会、科学技术部分别批复同意建设安徽合肥和北京怀柔综合性国家科学中心。2019 年 8 月，中共中央、国务院印发《关于支持深圳建设中

---

① 中共中央 国务院印发《成渝地区双城经济圈建设规划纲要》. 2021-10-21. https://www.gov.cn/zhengce/2021-10/21/content_5643875.htm.

② 中华人民共和国国民经济和社会发展第十三个五年规划纲要. 2016-03-17. https://www.gov.cn/xinwen/2016-03/17/content_5054992.htm.

③ 国务院关于印发"十三五"国家科技创新规划的通知. 2016-07-28. https://www.gov.cn/zhengce/content/2016-08/08/content_5098072.htm.

国特色社会主义先行示范区的意见》①提出，要以深圳为主阵地建设综合性国家科学中心，在粤港澳大湾区国际科技创新中心建设中发挥关键作用。2020年7月，国家发展和改革委员会、科学技术部批复同意建设大湾区综合性国家科学中心，并同意深圳光明科学城与东莞松山湖科学城共同建设大湾区综合性国家科学中心先行启动区。2021年3月，《国民经济和社会发展"十四五"规划纲要和2035年远景目标纲要》明确了支持建设北京怀柔、上海张江、大湾区、安徽合肥综合性国家科学中心。

2021年10月，中共中央、国务院印发《成渝地区双城经济圈建设规划纲要》，明确提出将建设成渝综合性科学中心作为成渝共建具有全国影响力的科技创新中心的首要任务。2022年以后，国务院及有关部门又陆续审核批复建设西安综合性科学中心和武汉综合性科学中心。目前，综合性科学中心建设已经形成4+3+M的国家（区域）区域创新发展枢纽原始创新策源地总体布局，包括北京怀柔、安徽合肥、上海张江、大湾区等四个综合性国家科学中心，成渝、西安、武汉等三个综合性科学中心，多个中心城市布局创建综合性科学中心。值得指出的是，综合性科学中心是区域科技创新中心的核心构成，综合性国家科学中心是国际科技创新中心的核心构成。从区域综合性科学中心到综合性国家科学中心的演进，不仅是国家重大科技基础设施集群及相应的前沿交叉研究平台体系形成的过程，更是依托设施平台集聚世界一流科技创新主体和涌现世界一流原始创新成果的过程，是基础性、前瞻性、战略性原始创新策源地能力形成的过程。

（三）科学城建设强化央地协同与多元价值创造

目前，科学城建设按照中央地方政府协同和多元价值创造兼顾的原则，总体上呈现出综合性国家科学中心引领、综合性区域科学中心紧随和其他中心城市追赶的发展格局。一方面，科学城的建设需要考虑综合性（国家）科学中心所需的重大科技基础设施集群及相应的交叉研究平台系统建设，主要支持短期内高风险、低经济收益的科学价值和技术价值的创造活动，需要采用中央财政支持为主、地方支持为辅的财政政策支持模式。另一方面，科学城的建设也需要考虑国际（区域）科技创新中心肩负的技术成果商业化、产

① 中共中央 国务院关于支持深圳建设中国特色社会主义先行示范区的意见. 2019-08-09. https://www.gov.cn/gongbao/content/2019/content_5425325.htm.

业化和社会扩散推广等历史使命，支持涉及高风险、高经济社会收益的经济价值和社会价值创造活动，需要采用中央财税政策支持引导、地方财政政策和风险投资及产业投资为主的财税政策支持模式。因此，科学城的建设需要中央和地方在资金投入政策上协同创新，统筹支持科学价值、技术价值、经济价值、社会价值和文化价值等多元价值创造活动，加快强化以重大科技基础设施集群及相应的前沿交叉研究平台系统为核心的科技基础能力，加快建设以国家实验室体系、国家科研机构、高水平研究型大学和科技领军企业为代表的国家战略科技力量，强化前瞻性基础研究、前沿引领技术开发和关键核心技术攻关，深化区域经济、科技一体化发展，推动创新链、产业链、资金链、人才链深度融合。

近年来，科学城建设成效显著，引领我国未来科技和产业发展方向的能力显著增强，正在形成科学价值、技术价值、经济价值、社会价值和文化价值等多元价值创造并实现增值循环的区域创新发展枢纽引擎，必将深刻改变我国重大科技基础设施和国家战略科技力量发展格局。北京怀柔、上海张江、安徽合肥和大湾区四个综合性国家科学中心聚焦国际科技前沿和国家战略需求，着力部署建设北京怀柔科学城、上海张江科学城、合肥滨湖科学城、深圳光明科学城、东莞松山湖科学城和广州南沙科学城，着力建设国家重大科技基础设施集群，打造综合性国家科学中心核心承载区。成都、重庆、武汉、西安等区域综合性科学中心着力布局建设西部（成都）科学城、西部（重庆）科学城、武汉东湖科学城、西安丝路科学城，打造区域综合性科学中心承载区。南京、长沙、苏州、大连等创新资源相对密集的中心城市积极布局建设科学城，争创区域科技创新中心和综合性科学中心。

第二节　主要国家科学城的发展经验

科学城发展历史最早可以追溯到 20 世纪中叶，21 世纪以来新科技革命迅猛发展深刻地改变了经济社会面貌，发达国家纷纷强化科技创新、增加科研投入并部署建设科技基础设施。在这一进程中，全球形成了若干以重大科技基础设施集群为核心的科学园区，如英国哈维尔科学与创新园（Harwell Science and Innovation Campus, HSIC，简称哈维尔科创园）、法国格勒诺布尔科技园、日本筑波科学城、德国巴伦菲尔德科学城等。

一、英国哈维尔科学与创新园

哈维尔科创园位于英国牛津郡，占地约为 2.8 千米 ^{2}，距离牛津大学约 25 千米，是英国以重大科技基础设施为核心的科创园区，其历史可以追溯到 1946 年组建的原子能研究所。20 世纪 40 年代起，英国政府重点投入任务导向的大型项目，如原子能、飞机、火箭等，特别是在牛津郡哈维尔地区陆续建立了原子能研究所、卢瑟福高能实验室等机构[1]，这一时期，哈维尔地区还拥有 7GeV 质子同步加速器 Nimrod。70 年代起，哈维尔地区陆续建设了中央激光装置（Central Laser Facility，CLF）[2]、ISIS 散裂中子源[3]（由 Nimrod 发展而来）等重大科技基础设施，这使得这一地区成为 20 世纪下半叶英国的原子能技术研发中心。进入 21 世纪，英国第三代同步辐射光源"钻石光源"（Diamond）[4] 在哈维尔建成并投入使用，法拉第研究所（The Faraday Institution）、罗莎琳德·富兰克林研究所（Rosalind Franklin Institute，RFI）陆续建立。2000 年开始，哈维尔科创园陆续建立了哈维尔创新中心、国家卫星应用弹射中心（Satellite Applications Catapult，SAC）等一批机构和能源、空间、健康和量子计算等产业创新集群，以弥补科学研究向应用转化的不足，完成从科学技术向产业功能的拓展。哈维尔科创园的发展经验主要有四个方面。

（1）构建空间集聚、学科关联、世界领先的重大科技基础设施集群。园区拥有中能高亮度第三代同步辐射光源"钻石光源"、ISIS 散裂中子源、中央激光装置等重大科技基础设施。这些重大科技基础设施空间相邻、功能互补，为科学家全面和准确认识物质微观结构提供了极限研究条件[5]，并最大化

① 陶斯宇，甘泉，董瑜．英国公共科研机构的历史演进与新变革．中国科学院院刊，2022, 37(08): 1116-1125.

② UKRI Science and Technology Facilities Council. Facilities. https://www.clf.stfc.ac.uk/Pages/Facilities. aspx[2023-04-10].

③ Harwell Science and Innovation. ISIS Neutron and Muon Source. https://www.harwellcampus.com/ facilities/isis-neutron-muon-source/ [2023-04-10].

④ Diamond. A Brighter Light for Science . https://www.diamond.ac.uk/Home/About.html[2023-04-10].

⑤ Harwell Science and Innovation. National Science Facilities. https://www.harwellcampus.com/facility-archive/ [2023-04-10].

地发挥了重大科技基础设施的科学效益。

（2）建设能源、空间、健康和量子计算四大领域世界领先科研机构。园区集聚了卢瑟福·阿普尔顿实验室（The Rutherford Appleton Laboratory，RAL）、卢瑟福·阿普尔顿空间实验室（RAL Space）、罗莎琳德·富兰克林研究所（Rosalind Franklin Institute，RFI）、法拉第研究所等一批高水平科研机构。卢瑟福·阿普尔顿实验室聚焦粒子物理学、空间科学、材料、天文学基础和应用科学研究，是国际上凝聚态物质研究方面的主要力量[①]。卢瑟福·阿普尔顿空间实验室聚焦航天研究和技术开发，并运营英国国家卫星试验设施、英国太阳能系统数据中心、奇尔伯顿天文台（Chilbolton Observatory）和英国国家推进试验设施等专用设施，以促进英国航天领域的发展[②]。罗莎琳德·富兰克林研究所是英国国家分子医学技术研究中心，致力于连接物理学、工程学与生物学，通过跨学科研究和技术开发实现生命科学的变革[③]。法拉第研究所聚焦电化学储能领域，为英国向清洁能源的转型和过渡提供系统方案[④]。2021 年，英国投资 9300 万英镑在园区新建国家量子计算中心[⑤]，有力地支撑了英国量子技术的发展。

（3）注重强化科研机构与产业部门合作的科技服务配套。园区内设有大学科技园—哈维尔创新中心、国家卫星应用弹射中心等产业创新中心，以及欧洲航天局商业孵化中心（European Space Agency Business Incubation Centre，ESA BIC）、欧洲空间应用与电信中心（European Centre for Space Applications and Telecommunications，ECSAT）等商业孵化机构，与公共科研机构密切合作，为企业技术创新提供商业化服务。

（4）布局建设与重大科技基础设施和科研机构学科方向一致的产业创新集群。园区依托重大科技基础设施集群和研究机构逐步形成了航天产业集群、能源技术产业集群、健康技术产业集群和量子产业集群四大产业创新集

---

① UKRI. Rutherford Appleton Laboratory. https://www.ukri.org/about-us/stfc/locations/rutherford-appleton-laboratory/[2023-04-10].

② UKRI Science and Technology Facilities Council. About RAL Space. https://www.ralspace.stfc.ac.uk/Pages/About-RAL-Space.aspx/[2023-04-10].

③ The Rosalind Franklin Institute. The Hub at Harwell. https://www.rfi.ac.uk/about/hub-at-harwell/[2023-04-10].

④ The Faraday Institution. Our Mission. https://www.faraday.ac.uk/[2023-04-10].

⑤ Harwell Science and Innovation. National Quantum Computing Centre (NQCC). https://www.harwellcampus.com/facilities/national-quantum-computing-centre/[2023-04-10].

群[①]。各个产业创新集群的发展与园区内科研机构和重大科技基础设施发展密切关联。航天产业集群的发展得益于卢瑟福·阿普尔顿空间实验室的助力，并借助了同步辐射光源在材料领域研究的优越性；能源技术产业集群以法拉第研究所为支撑，并充分利用散裂中子源和同步辐射光源；健康技术产业集群主要得益于罗莎琳德·富兰克林研究所技术成果的溢出，并利用同步辐射光源和中央激光装置在药物研发和生物相容性材料研发方面的优势；量子产业集群发展与国家量子计算中心紧密联系。

　　哈维尔科创园以打造世界领先的科学和创新园区为目标，以"钻石光源"、ISIS散裂中子源、中央激光装置等重大科技基础设施集群为核心，聚焦能源、空间、健康和量子四大领域，发挥卢瑟福·阿普尔顿实验室、卢瑟福·阿普尔顿空间实验室、罗莎琳德·富兰克林研究所、法拉第研究所等高水平研究机构的引领作用，通过设立产业创新中心和技术转移转化机构发展产业创新集群，形成了从科学发现、技术研发到新兴产业发展的全创新链布局。

二、法国格勒诺布尔科技园

　　格勒诺布尔科技园（简称"格勒科技园"）位于法国格勒诺布尔市西北角，占地约2.5千米²。20世纪30年代，格勒诺布尔已经拥有法国国家科研中心（CNRS）格勒分院、电气工程研究所、傅里叶研究所、格勒理工学院等科研机构和高等院校。第二次世界大战后期，路易·奈尔（Louis Néel，1970年诺贝尔物理学得主）等大量科学家集聚格勒诺布尔并产出众多世界一流的研发成果，为其日后发展成为欧洲科技创新中心奠定了基础。20世纪50~80年代，格勒陆续建设了回旋加速器、核反应堆、高通量中子源等大型实验设施，大量国际化一流科研机构也开始集聚格勒。1956年，路易·奈尔创建核研究实验室，后来成为法国原子能和替代能源委员会[②]（CEA）的一部分[③]；1967年，法德两国联合建设劳厄-朗之万研究所（Institute Laue-Langevin，ILL）；1975年，欧洲分子生物学实验室（European Molecular

---

① Harwell Science and Innovation. Harwell Clusters . https://www.harwellcampus.com/cluster-landing/ [2023-04-10].

② 2009年12月14日更名为法国原子能与可替代能源委员会（CEA）。

③ Nature. How Grenoble has mastered industry–academia science collaborations. 2023-01-19. https://www.nature.com/articles/d41586-023-00109-x

Biology Laboratory，EMBL）在格勒诺布尔建立分站；1994 年，欧洲同步辐射光源（European Synchrotron Radiation Facility，ESRF）建成并投入运行。21 世纪以来，格勒科技园的重要研究领域由传统的民用核能和集成电路转向纳米微电子、信息技术、生命健康等。2008 年，格勒科技园提出建设格勒诺布尔先进新技术创新园（Grenoble Innovation for Advanced New Technologie，GIANT），包括欧洲研究基础设施区、基础研究区、能源研究区、信息通信研究区、健康医学研究区和创新管理区 6 个区域[①]。格勒科技园的发展经验主要有以下四个方面。

（1）迭代重大科技基础设施保持基础研究领域领先地位。20 世纪 60 年代开始，法国国家科研中心（CNRS）格勒分院和法国原子能和替代能源委员会格勒诺布尔中心与格勒诺布尔的大学、科研机构投入巨资建设了全球首台模拟潮汐的大型实验设备、法国第 2 座回旋加速器、3 座研究用途的核反应堆；1967 年，园区建设了世界上第一个拥有基于反应堆和加速器的高通量中子源；1988 年，欧洲 12 个国家决定投资 2.2 亿法郎共建欧洲同步辐射光源并于 1994 年投入运行，这使格勒科技园成为法国乃至世界大科学装置最密集的科技园。2000～2015 年，格勒科技园原有的 3 座核反应堆、回旋电子加速器相继停用，格勒诺布尔核能研究中心（CEN Grenoble）关闭，腾退后的部分设施用于开展生命健康、新能源、宇宙学等新兴领域研究。2008 年和 2018 年，ESRF 分别进行了两期升级改造，并谋划建造第四代光源。2021 年底，法国强磁场研究中心格勒诺布尔分中心 40 特混合磁体项目建造完成。

（2）集聚国际化的一流科研机构、企业总部和世界一流高等院校。格勒科技园除拥有法国国家科研中心格勒分院、法国原子能和替代能源委员会下设的格勒诺布尔研究中心、让·皮埃尔·埃贝尔结构生物学研究所（Institut de Biologie Structurale Jean-Pierre Ebel，IBS）等科研机构外，还汇聚了劳厄-朗之万研究所、欧洲分子生物学实验室格勒诺布尔分站等国际化一流科研机构[②]，以及意法半导体（STMicroelectronics）、施耐德电气（Schneider Electric）、生物梅里埃（bioMérieux）、Soitec 半导体（Soitec SA）、碧迪法国（Becton, Dickinson and Company，France）、凯捷集团（Capgemini SE）等

① GIANT Innovation Campus. A World-Class Innovation Campus in Grenoble, France. https://www.giant-grenoble.org/en/centers-of-excellence/[2023-04-10].

② GIANT Innovation Campus. Giant's founding members. https://www.giant-grenoble.org/en/membres-fondateurs-giant/[2023-04-10].

跨国企业的总部或法国总部或分部①。此外，格勒科技园还拥有格勒诺布尔管理学院（Grenoble Ecole de Management，GEM）、格勒诺布尔-阿尔卑斯大学（Université Grenoble Alpes，UGA）等高校。

（3）开创基础研究、应用研究和工业生产协同创新模式。格勒诺布尔的重大科技基础设施多数由格勒诺布尔的大学牵头参与建设和运行，并与产业形成紧密的互助合作关系，这样既能保障研究部门获得更好的实验条件和经费，也能保障产业界获得更具市场竞争力的产品和技术②。2005年，格勒科技园通过成立微纳米技术竞争力集群（MINATEC），引入法国原子能和替代能源委员会微纳米技术研发中心（CEA-Leti）、法国国家科研中心微电子及纳米技术研究所（CNRS-IEMN）、格勒诺布尔管理学院、格勒诺布尔-阿尔卑斯大学等大学和科研院所，建立了一系列用于纳米技术、生物技术和新能源技术产业转化的技术平台，以促进信息技术产业与能源、医疗健康、化学等产业的深度融合，探索跨机构、跨学科、跨领域的协同创新模式③。

（4）国际化科研组织营造开放的创新生态。劳厄-朗之万研究所、欧洲同步辐射光源、欧洲分子生物学实验室等国际化的机构和设施吸引了数以万计活跃在全球科技发展最前沿的一流人才，为格勒诺布尔成为具有全球影响力的科技创新中心发挥重要作用。2012年，格勒科技园率先发起并每年牵头组织"全球先进创新生态圈高层论坛"，旨在为格勒科技园发展搭建国际化的交流平台④。此外，格勒科技园还通过开展专题论坛等活动为园区内的学生、科研人员和企业创造大量的交流机会⑤。

格勒科技园聚焦信息通信与微纳米技术，可再生能源与环境，生物科学与生物技术等领域，形成了以欧洲同步辐射光源、高通量中子源等重大科技基础设施集群为核心，法国国家科研中心格勒分院、法国原子能和替代能源委员会格勒诺布尔中心、劳厄-朗之万研究所等世界一流高校院所和科技领军企业集聚，基础研究、应用研究和产业化协同发展的创新生态，成为具有

① GIANT Innovation Campus. Other GIANT Partners. https://www.giant-grenoble.org/en/autres-partenaires-de-giant/[2023-04-10].
② GIANT Innovation Campus.GIANT Steps for Industry. https://www.giant-grenoble.org/en/giant-steps-for-industry/[2023-04-10].
③ GIANT Innovation Campus. Industry. https://www.giant-grenoble.org/en/industrie[2023-04-10].
④ GIANT Innovation Campus. High Level Forum. https://www.giant-grenoble.org/en/high-level-forum/[2023-04-10].
⑤ GIANT Innovation Campus. Summer Schools and Short Programs. https://www.giant-grenoble.org/en/ecoles-dete/[2023-04-10].

全球影响力的科技创新中心。

三、日本筑波科学城

筑波科学城由日本政府于 1963 年批准建设，是日本唯一集中设置研究机构和大学的科学园区。筑波科学城位于日本茨城县，距东京秋叶原约 50 千米，总面积 284 千米²，规划建设研究学园区（约 27 千米²）和周边开发区（约 257 千米²）两个功能区。

筑波科学城的发展可分为三个阶段。第一阶段为城市建设期。主要推进土地整备项目、住宅建设和城市开发项目、研究和教育机构搬迁等工作，完成了 43 家科研教育机构的搬迁。第二阶段为都市整备期。"新筑波计划"的提出使筑波科学城进入再创阶段，筑波科学城从最初仅作为基础研究基地的机制设计，逐步实现从基础研究向应用性开发乃至企业化生产的机制转变。1998 年，筑波科学城研究学园区和周边开发区进行调整，将筑波科学城的定位调整为科学技术中枢城市。2005 年，筑波快线建设及沿线开发、首都圈中央联络高速公路等建设加强了筑波与东京的联系[1]。第三阶段为都市发展期。2011 年，日本政府指定筑波市为"国际战略综合特区"，旨在最大限度发挥筑波科创资源的价值，为日本的经济增长和发展做出贡献[2]。2018 年，筑波科学城发布《筑波创业战略》，提出支持创业企业与城市发展两大愿景[3]。2023 年 2 月，筑波发布《第二期筑波创业战略》，提出灵活用好人力资源和研究成果孵化创业公司、营造促进创业公司成长的生态系统两大基本方针[4]。通过发展战略的调整，筑波科学城实现了由基础研究基地向综合性园区发展的转变过程。筑波科学城的发展经验主要有以下四个方面。

（1）集中搬迁国家科研教育机构，快速集聚大批一流科研机构和高水平研究型大学。1980 年 3 月，筑波科学城基本完成内阁府、总务省、外务省、文部科学省、厚生劳动省、农林水产省、经济产业省、国土交通省、环境

---

① 筑波研究学園都市の今までとこれから. https://www.city.tsukuba.lg.jp/jigyosha/machinami/kenkyugakuen/1002136.html[2023-04-10].

② つくば国際戦略総合特区. つくばの取り組み. http://www.tsukuba-sogotokku.jp/specific/effort/[2023-04-10].

③ Tsukuba. Tsukuba Startup Strategy. https://www.city.tsukuba.lg.jp/material/files/group/112/summaryEN.pdf[2023-04-10].

④ つくば市スタートアップ戦略. https://www.city.tsukuba.lg.jp/jigyosha/shigoto/1005138/1005139.html[2023-04-10].

省等政府部门所属的 43 家国立科研教育机构的搬迁（后由于撤除整合等，现为 29 家），并在此基础上吸引集聚了大批私营研究机构和企业研发中心。截至 2021 年 9 月，筑波科学城拥有 150 家研究机构和大学[①]，其中 29 家属于国立研究与教育机构，约占日本公共研究机构总数的 30%。研究型大学主要有筑波大学和筑波技术大学，研究机构包括高能加速器研究机构、理化学研究所、日本宇宙航空研究开发机构（筑波空间中心）、物质与材料研究机构、产业技术综合研究所、国立环境研究所等，研究范围涵盖基础研究、工程、建筑、生物、农业技术等众多领域。

（2）依托国立科研机构，建设物质科学、空间科学、材料科学等领域的重大科技基础设施集群。日本高能加速器研究机构在筑波科学城建有同步辐射光源光子工厂（PF/PF-AR）、正负电子直线加速器（LINAC）、超级 B 介子工厂正负电子对撞机（Super KEKB）、国际直线对撞机（ILC）[②]等重大科技基础设施，聚焦粒子物理学、核物理学、材料科学和生命科学等领域，开展前瞻性基础研究。宇宙航空研究开发机构（筑波空间中心）建有直径为 13 米的太空舱环境模拟实验设施、大型振动试验装置、无线电波测试设备等设施，开展卫星研发和运行、观测数据分析、运载火箭等空间运输系统的研制等[③]。物质与材料研究机构（NIMS）联合东京大学、京都大学等 24 家高校院所共建材料和纳米技术高级研究基础设施（ARIM），旨在构建日本全国尖端设备共享体系和先进技术支持体系[④]。

（3）建立广泛的公私合作网络和工业园区，促进创新创业与新兴产业发展。1988 年，筑波科学城通过公私合作成立了筑波研究支援中心，旨在促进国家研究机构、大学和私营企业研究人员之间的交流，支持新产品开发和企业孵化。2011 年，筑波市成为日本七大"国际战略综合特区"之一，重点强调其作为官产学合作的新基地，利用综合特区制度不断产生创新，为重大问题提供解决方案[⑤]。为推进特区建设，茨城县、筑波市、筑波大学和相关研究机构在 2011 年联合建立筑波全球创新推进机构，旨在通过官产学合作，支持

① Yusuke Mori. Tsukuba Science City. http://mddb.apec.org/Documents/2021/CTI/CONF1/21_cti_conf1_010.pdf[2023-04-10].

② KEK. Accelerator Laboratory. https://www.kek.jp/en/research-en/fa_accl-en/[2023-04-10].

③ JAXA. Tsukuba Space Center. https://global.jaxa.jp/about/centers/tksc/[2023-04-10].

④ ARIM Japan. Project organization. https://nanonet.mext.go.jp/page/page000022.html[2023-04-10].

⑤ つくば国際戦略総合特区. つくばの取り組み. http://www.tsukuba-sogotokku.jp/specific/effort/[2023-04-10].

技术商业化、建设共创平台和推进筑波国际化，构建"筑波创新生态系统"。此外，筑波科学城还建立了筑波创业广场、筑波创业基地等一批孵化设施，加快推动创新创业。截至 2022 年 3 月，筑波科学城建有上大岛工业园区、筑波北部工业园区、筑波"大穗"技术园区、筑波"丰里"技术园区等九个工业园区，承接科学城科技成果，培育发展新兴产业[①]。

（4）构建科技创新合作网络促进科学城内机构开展跨学科跨领域交流合作。日本产业技术综合研究所、物质与材料研究机构、筑波大学等 6 家单位共建筑波创新竞技场（TIA），搭建共同研发平台，共享研究设施，联合培养人才，强化产学官合作，推动协同创新。筑波科学城成立筑波研究学园都市交流协会，推动促进会员单位基于城市的未来愿景开展密切合作和交流，应对共同挑战；成立筑波自然科学学会，深化不同专业领域之间交流，通过跨学科交流激发知识创造。

筑波科学城的发展主要由政府主导，通过有计划地迁移国家科研教育机构快速集聚大批一流科研机构和高水平研究型大学，建设 SuperKEKB 正负电子对撞机、光子工厂（PF/PF-AR）、正负电子直线加速器等重大科技基础设施集群，聚焦物质科学、材料科学、生命科学、空天技术、纳米技术、计算机等领域，开展前瞻性基础研究和前沿技术开发，同时强调科学城内机构跨领域跨学科合作和技术商业化。

四、德国巴伦菲尔德科学城

德国巴伦费尔德科学城（Science City Bahrenfeld）以德国电子同步辐射加速器（Deutsches Elektronen Synchrotron，DESY）为基础建设，规划面积为 1.25 千米^2。DESY 是德国 1959 年 12 月开始建设的第一台电子同步辐射加速器，于 1964 年建成运行。德国于 1974 年基于 DESY 建设了正负电子双储存环（DORIS），于 1978 年成立德国汉堡同步辐射实验室（HASYLAB），并建成当时世界上最大的储存环（PETRA），在粒子物理领域取得了一系列突破性进展。这些研究设施同时也被越来越多的国外科学家所使用。1990 年，地下强子-电子环加速器（HERA）开始运行；2004 年，软 X 射线自由电子激光装置（FLASH）投入使用；2010 年，第三代同步辐射光源 PETRA Ⅲ 投入

[①] Tsukuba Science City. https://www.pref.ibaraki.jp/kikaku/chiiki/kennan/documents/documents/r4tsukubaleaflet-chn.pdf[2023-04-10].

使用；2017 年，欧洲 X 射线自由电子激光装置（European-XFEL）建成，汉堡成为世界 X 射线研究之都①。2019 年以来，德国提出在汉堡市建设巴伦费尔德科学城，并于 2020 年开始启动建设。该科学城旨在依托 DESY、汉堡大学等优势科教资源，进一步强化汉堡的科学中心地位，促进技术转移和创业孵化，为汉堡和全世界优秀人才提供一个有创造力、吸引力和可持续的学习、教育、研究、生活和工作空间。巴伦菲尔德科学城主要包括以 DESY 为核心的科研区、汉堡大学和知名研究所集聚区、创新和技术中心集聚区、混合用途居住区四个功能区。按照规划，到 2040 年，巴伦费尔德科学城不仅成为基础研究和应用研究的中心，也是创新和技术转移的温床和多样化的居住地②。巴伦菲尔德科学城的发展经验主要有以下四个方面。

（1）以 DESY 为核心吸引众多著名高校院所依托重大科技基础设施开展基础研究。DESY 建有软 X 射线自由电子激光装置（FLASH）、欧洲 X 射线自由电子激光装置（European-XFEL）和 PETRA Ⅲ 等重大科技基础设施集群，并正在规划建设第四代同步辐射光源 PETRA Ⅳ。一方面，DESY 吸引了欧洲分子生物学实验室、亥姆霍兹联合会、马普学会等世界著名研究机构长期在此运营实验线站③；另一方面，DESY 与汉堡大学、汉堡科技大学、马普学会、亥姆霍兹联合会等著名高校院所，围绕重大科技基础设施共同建设了自由电子激光科学中心、自然科学数据与计算中心、结构系统生物学中心、X 射线和纳米科学中心等一批前沿科技交叉研究平台④。

（2）由政府主导投资建设阿尔托纳创新园，以强化科学城创新创业功能。巴伦菲尔德科学城在紧邻 DESY 和汉堡大学的地方投资建设阿尔托纳创新园（Altona Innovation Park），重点支持创新创业和技术转移。其中，汉堡市、DESY 和汉堡大学联合投资建立巴伦菲尔德创业实验室（Start-up Labs

① DESY. 60 years of DESY - From Hamburg particle accelerator to global research centre. https://www.desy.de/news/news_search/index_eng.html?openDirectAnchor=1754&two_columns=0[2023-04-10].

② Science City Hamburg Bahrenfeld. Die Idee hinter der Science City. https://www.sciencecity.hamburg/ueberblick/[2023-04-10].

③ Science City Hamburg Bahrenfeld. Working in Science City. https://www.hamburg.com/science-city-bahrenfeld/12450388/working-in-science-city-bahrenfeld/[2023-04-10].

④ DESY. Cooperations & Institutes. https://www.desy.de/research/cooperations__institutes/cxns/index_eng.html[2023-04-10].

Bahrenfeld），重点支持物理和生物物理等领域的初创企业发展[①]；德国联邦政府和汉堡市联合投资约 1 亿欧元（其中德国联邦政府投资 9500 万欧元、汉堡市投资 1056 万欧元）建设 DESY 创新工厂（DESY Innovation Factory），重点支持生命科学和新材料领域初创企业发展[②]；汉堡市经济稳定计划拨款 3500 万欧元建设技术中心（Tech hub），为初创企业和科技型中小企业提供发展空间，并提供 1000 万欧元专门用于资助人工智能等领域的创新计划[③]。此外，DESY 还在科学城内运营 MicroTCA 技术实验室，促进电子领域科学和产业的密切合作；以及 DESY 创新村，为创新项目和初创企业提供办公室和实验室等设施。

（3）采用"指导小组 + 咨询委员会 + 公司"模式，加快推进科学城开发建设。汉堡市成立了巴伦费尔德科学城有限公司，负责科学城的城市规划和开发建设，并协调州和联邦层面的相关责任方[④]。为更好推进科学城建设，成立了巴伦费尔德科学城指导小组，由汉堡市代表、巴伦费尔德科学城有限公司的管理层组成，负责在战略层面对规划制定和实施进行指导。同时，德国联邦政府、汉堡大学和 DESY 等共同组建了一个跨学科咨询委员会，由科学家、企业家以及民间社会代表和捐助者组成，每年召开两次会议，向指导小组提供独立和建设性的咨询意见，为科学城发展提供专业咨询[⑤]。

（4）注重科学城建设与城市发展相融合的理念，营造高品质生活环境。巴伦菲尔德科学城提供高质量的生活环境、创新的研究设施、物美价廉的公寓、有吸引力的娱乐和休闲区，以及直接连接汉堡市的快速交通铁路系统。在巴伦菲尔德科学城内，慢行步道、自行车道和一系列运行休闲设施以智能化的方式连接住宅区、科教设施和商业场所，为科研人员、学生等创造良好的工作、学习和生活环境。科学城致力创建知识文化，不断推动全社会知识共享，使不同的知识创造者、经济部门、行政部门和公民社会都能够从其互

①　Science City Hamburg Bahrenfeld. Eröffnung der Start-up Labs Bahrenfeld. https://www.sciencecity. hamburg/startuplabs-eroeffnung-copy/[2023-04-10].

②　Science City Hamburg Bahrenfeld. DESY Innovation Factory: Start für integriertes Technologie- und Gründerzentrum. https://www.sciencecity.hamburg/innovationfactory-start/[2023-04-10].

③　Science City Hamburg Bahrenfeld. tecHHub: Zentrum für Startups, junge Techunternehmen & Forschung geplant. https://www.sciencecity.hamburg/techhub-geplant/[2023-04-10].

④　Science City Hamburg Bahrenfeld. Science City: Wissen findet Stadt. https://www.sciencecity.hamburg/ ueberblick/[2023-04-10].

⑤　Science City Hamburg Bahrenfeld. Aufgabenfelder und Organisation. https://www.sciencecity.hamburg/ beirat/[2023-04-10].

动中相互受益，为城市经济社会发展提供发展动力。

　　巴伦菲尔德科学城采用"指导小组＋咨询委员会＋公司"的规划建设模式，以 FLASH、European-XFEL、PETRA Ⅲ、PETRA Ⅳ 等重大科技基础设施集群为核心，集聚 DESY、汉堡大学等一批高水平科研机构和大学，吸引众多著名高校院所建设了一批前沿交叉研究平台，聚焦光子和纳米科学、材料科学、生物医药等领域，开展前瞻性基础研究和前沿技术开发，通过建设创新创业园区强化科学城创新创业功能，形成覆盖创新全链条的完整创新生态系统。

第三节　中国科学城发展特征、现状与问题

　　1996 年，国家经济贸易委员会选择青岛、合肥、株洲三个城市开展技术创新城市试点，旨在建立城市技术创新体系及运行机制，创造有利于企业开展技术创新的外部环境，培育和发展新的经济增长点，提高企业技术创新的内在动力。2000 年 9 月，中共中央、国务院作出建设绵阳科技城的重大决策，旨在发挥绵阳的科技优势，将科技潜能加速转化为现实生产力。2003 年，安徽省和合肥市规划中国合肥科学城，旨在发挥合肥科教优势，打造学科特色鲜明、基础设施完善、环境清新优美、文化氛围浓郁的国际著名科学城，重点打造战略高技术与知识创新基地、科技成果孵化辐射基地、人才教育培训基地，构建创新要素流动与集聚平台、创新信息处理与服务平台、创新资源整合与共享平台、知识产权开发与利用平台等。

　　2009 年以来，中共中央组织部、国务院国有资产监督管理委员会陆续确定建设北京昌平、天津滨海、杭州余杭、武汉东湖四个未来科技城，旨在支持大型国有企业打造人才创新创业基地和研发机构集群。2009 年 7 月，昌平未来科技城启动建设，围绕促进产业结构优化升级和国有经济布局结构的战略性调整，旨在建成具有世界一流水准、引领我国应用科技发展方向、代表我国相关产业应用研究技术最高水平的人才创新创业基地。2010 年 10 月，

武汉未来科技城按照"国际领先、世界一流"的标准启动建设，以光电子信息、生物医药、能源环保、现代装备制造及其他新兴产业的研发为重心，打造承载国家自主创新功能的现代卫星城及我国产业技术最高水平的人才创新创业基地。2011 年 4 月，天津未来科技城启动建设，其战略定位是打造成为吸引和集聚海内外高层次科技人才创新创业的战略高地、全球科技创新中心和高技术产业基地。2011 年，杭州未来科技城挂牌，其目标是打造成杭州城西科创产业集聚区的创新极核和面向世界、引领未来辐射浙江省的创新策源地。

2016 年以来，聚焦上海张江、安徽合肥、北京怀柔、大湾区综合性国家科学中心以及成渝、武汉、西安综合性科学中心发展目标，各地先后布局建设北京怀柔科学城、上海张江科学城、合肥滨湖科学城、深圳光明科学城、东莞松山湖科学城、广州南沙科学城、西部科学城（成都）、西部科学城（重庆）、武汉东湖科学城和西安丝路科学城，标志着这一轮科学城建设进入新发展阶段。新一轮科学城统筹建设重大科技基础设施集群与国家战略科技力量，强化前瞻性基础研究和前沿引领技术攻关以及战略领域技术系统能力，拓展科学城创新创业孵化新兴产业和绿色生态与产业公共服务功能，为高水平科技自立自强提供重要支撑。

一、布局建设重大科技基础设施与平台

重大科技基础设施集群是科学城的内核，是开展前瞻性基础研究、前沿引领技术开发和战略高技术创新的物质技术基础。由于建设基础和时间具有差异性，导致各科学城重大科技基础设施的建设呈现多样化。

（1）部分科学城内已初步形成重大科技基础设施集群。北京怀柔、合肥滨湖、上海张江三个科学城实现了重大科技基础设施的空间集聚。北京怀柔科学城布局建有高能同步辐射光源、综合极端条件实验装置、多模态跨尺度生物医学成像设施、地球系统数值模拟装置、空间环境地基综合监测网（子午工程二期）等国家重大科技基础设施[①]。上海张江科学城集聚上海光源一期、上海超强超短激光实验装置、上海光源线站工程（上海光源二期）、软 X 射线自由电子激光装置、硬 X 射线自由电子激光装置等重大科技基础设施，

① 北京怀柔综合性国家科学中心．大科学装置．http://hsc.beijing.gov.cn/hsc/10501/kx_sspt1664124062852.shtml[2023-02-03].

初步形成我国种类最全、功能最强的光子大科学装置群。合肥滨湖科学城建成同步辐射光源、全超导托卡马克核聚变实验装置和稳态强磁场实验装置三个大科学装置，在建合肥先进光源、聚变堆主机关键系统综合研究设施等重大科技基础设施。

（2）部分科学城内建有重大科技基础设施但还未形成集群。大湾区综合性科学中心重大科技基础设施分布松散，尚未形成集群发展态势。东莞松山湖科学城拥有散裂中子源并启动建设中国散裂中子源二期工程，广州南沙科学城冷泉生态系统研究装置，深圳光明科学城"鹏城云脑Ⅲ"、国家超级计算深圳中心等均已获批且在建设当中。武汉东湖科学城建有脉冲强磁场实验装置、精密重力测量研究设施，脉冲强磁场实验装置优化提升工程、作物表型组学研究设施和深部岩土工程扰动模拟研究设施获批建设。

（3）部分科学城重大科技基础设施尚处于建设和谋划阶段。西安丝路科学城正在建设高精度基地授时系统，谋划建设阿秒光源（西安）、Z箍缩科学实验装置。西部（成都）科学城正在建设电磁驱动聚变大科学装置、跨尺度矢量光场时空调控验证装置，谋划建设磁浮飞行风洞、多态度耦合轨道交通动模试验平台、柔性基底微纳结构成像系统研究装置等。大连英歌石科学城谋划建设大连先进光源、杭州江南科学城在建超高灵敏极弱磁场和惯性测量装置、南京麒麟科技城谋划建设信息高铁综合试验设施和开源软件供应链设施、济南齐鲁科学城谋划建设电磁驱动高速科学研究与实验设施和大气环境模拟装置、郑州中原科技城谋划建设超短超强激光实验装置、苏州太湖科学城谋划建设纳米真空互联实验站。

科学城初步实现了重大科技基础设施地理空间上的集聚，但是重大科技基础设施运行管理过程中尚未形成专业领域模块化特征，缺乏有效统筹协调和资源整合，制约了重大科技基础设施支撑综合性重大科学问题发现、促进学科交叉融合、高新技术企业技术迭代和国际人才流动等方面的能力。此外，不同科学城之间的大科学装置尚未形成有效联动，还未形成良好的大科学生态。

二、培育集聚建制化国家战略科技力量

科学城建设强调国家实验室、科研机构、研究型大学、科技领军企业等国家战略科技力量的空间集聚、学科交叉和功能互补。由于科教资源和创新

基础不同，各科学城在国家战略科技力量集聚方面呈现差异化。

（1）部分科学城依托已有基础强化国家战略科技力量体系建设。北京怀柔科学城集聚了怀柔国家实验室、中国科学院大学、中国科学院的21个科研院所，以及北京雁栖湖应用数学研究院、北京纳米能源与系统研究所等高水平新型研发机构。上海张江科学城聚集了张江实验室、复旦大学、上海交通大学、上海科技大学等高水平研究型大学以及中国科学院上海高等研究院、上海脑科学与类脑研究中心等高水平研发机构。合肥滨湖科学城集聚合肥国家实验室、中国科学技术大学、合肥工业大学、安徽大学等一批高校，以及中国科学院合肥物质科学研究院、中国电子科技集团公司第三十八研究所等一批高水平科研院所。

（2）部分科学城通过培育新创新主体完善国家战略科技力量体系。深圳光明科学城推进建设深圳理工大学、中山大学（深圳校区）等高校院校建设，并以深圳合成生物学创新研究院、深港脑科学创新研究院、深圳湾实验室、人工智能与数字经济广东省实验室（深圳）等新型研发机构为依托建立高水平科研机构。广州南沙科学城引进香港科技大学（广州），以中国科学院明珠科学园为主体推动中国科学院优势创新主体落户南沙。东莞松山湖科学城引进香港城市大学（东莞），筹建大湾区大学，并以松山湖材料实验室、东莞材料基因高等理工研究院等新型研发机构为依托建立高水平科研机构。此外，南京麒麟科技城、济南齐鲁科学城等积极引进中国科学院研究力量建设新型研发机构，培育国家战略科技力量。

科学城培育和引进众多建制化国家战略科技力量，但体系化能力仍需提升。科学城集聚的国家战略科技力量大多以新建创新主体为主，建设时间较短，需要加强科研领域布局、科研组织能力建设、协同攻关机制创新、科研氛围营造，尤其是要面向国家战略需求和产业发展需要，依托大装置开展高水平科学研究、产出重大原创成果、解决关键核心技术问题的能力。

三、强化创新创业孵化新兴产业功能

科学城通过创新创业孵化原创性、颠覆性科技创新成果，引领战略性新兴产业和未来产业创新发展。因此，创新创业是将科学城的重大科技创新产出转化为经济社会效益的关键。

（1）部分科学城强化原创成果对战略性新兴产业和未来产业的引领功

能。上海张江科学城、武汉东湖科学城等产业基础相对较好，创新创业孵化功能完善，能够较好承接重大科技创新成果。上海张江科学城建设全链条创新服务体系，构建集成电路、生物医药、人工智能等具有全球竞争力的产业集群，截至 2020 年汇聚了 2.2 万余家企业，拥国家高新技术企业 1600 余家，各类双创载体 100 余家，在孵企业 2500 余家。武汉东湖科学城超前布局量子信息、超级计算、脑科学与类脑智能、空天开发、人工智能等未来产业，加快推进集成电路、新型显示、下一代信息网络、生物医药等国家级战略性新兴产业集群建设，截至 2020 年拥有国家大学科技园 5 家，科技企业孵化器 60 余家，在孵企业 6000 余家。

（2）部分科学城通过构建创新创业良好生态完善创新链条。北京怀柔科学城、深圳光明科学城、广州南沙科学城等产业基础相对薄弱，创新创业孵化亟待完善，正着力健全创新创业孵化链条、建设创新创业服务平台、提升科创金融服务能力、打造品牌等，承接重大科技基础设施建设的技术溢出和重大科技创新成果产出，推动创新创业孵化新兴产业快速发展。深圳光明科学城将中试验证和成果转化基地作为战略定位之一，聚焦信息、生命、新材料等领域打造未来产业核心竞争力，截至 2020 年拥有国家高新技术企业 1486 家，各类双创载体 20 余家，首创"楼上创新、楼下创业"转化新模式，成功孵化一批高价值科技企业。北京怀柔科学城吸引长城海纳产业加速器、有色金属新材料科创园、清华工研院雁栖湖创新中心、中国机械科学研究总院怀柔科技创新基地等创新创业孵化载体入驻，成立硬科技和智能传感器产业基金，在光电、低温、真空、电镜、质谱等细分领域集聚了超 250 家优质企业，2022 年新增"专精特新"企业 62 家，增长 144%，成功孵化一批科技型创业企业。

科学城需要构建良好的创新创业生态，强化创新创业孵化新兴产业的功能，基于创新的创业活动通过孵化新兴产业实现科学价值、技术价值向经济价值的转化，以及经济价值对科学、技术价值的反哺。当前，北京怀柔、深圳光明、广州南沙等科学城等产业基础尚薄弱，创新创业孵化育成体系、创新创业服务体系以及科技金融体系等布局还不完善，难以为科学城科学功能和产业功能的融合提供有力支撑。

四、拓展城市绿色生态公共服务功能

科学城不仅要成为重大科技基础设施和国家战略科技力量集聚地，也要成为宜居宜业宜学的首选地。科学城选址一般位于特大中心城市中心区或近郊区，规划面积在 100 千米^2 左右，具有良好的绿色生态环境；同时着力完善教育、医疗、交通等公共服务设施，营造尊重科学、崇尚创新的文化氛围，打造高品质的工作学习生活环境。

（1）在生态环境建设方面，科学城依托良好生态本底，科学开发利用生态资源，建设健身步道、人文景观与绿地公园等，加快推进环境污染监测和治理数字转型，打造优美生态环境。例如，广州南沙科学城提出打造以科学城核心功能区为中心、生态公园为节点、水系与绿道为纽带，通山达海、蓝绿交织、天人合一的生态空间网络，构建"天空地海一体化"全要素智能感知系统和环境监测预警网络等。

（2）在基础教育方面，科学城着力完善"学前教育—义务教育—高中教育"优质基础教育服务体系，发展多元现代教育，满足多层次人才子女高品质教育需求。例如，深圳光明科学城通过加快建设一批公办优质幼儿园，试点引进高端民办国际化幼儿园，引进深圳中学、深圳小学等本土基础教育名校，改扩建一批本地中小学，迅速扩大中小学学位规模、提升基础教育质量，满足科技创新人才对于子女优质教育的需求。

（3）在医疗卫生保障方面，科学城着力引进国内外优质医疗资源，推动高端医疗服务与科学研究协同发展，加快数字化医疗服务体系建设，构建一流的医疗卫生服务体系，强化优质医疗资源供给。例如，深圳光明科学城引进中山大学附属第七医院、中国科学院大学深圳医院、深圳市中医院光明院区等优质医疗资源，加快推进特色专科医院建设，推进医疗健康大数据的采集和应用，构建一流医疗卫生服务体系，为科技创新人才提供优质医疗服务。

（4）在公共交通建设方面，科学城着力完善城市道路、公共交通、慢行交通、轨道交通等建设，加快推进智能公路、无人驾驶、车联网等新技术的应用，建立便利快速的智慧交通网络。例如，武汉东湖科学城提出构建"窄马路、小街区、密路网"的城市道路布局，完善公共交通、慢行交通、轨道交通相结合的绿色交通体系，推进基于 5G 的车联网示范，提升"人—车—路—云"协同能力，实现实时、精细、动态、智能的交通管理与控制。

（5）在文化氛围营造方面，科学城着力建设科普基础设施和科学文化设施，建立科技荣誉制度，在城市形象展示、对外宣传、道路公园命名等方面融入浓厚科学元素，大力弘扬科学精神和科学家精神，形成尊重知识、崇尚创新、尊重人才、热爱科学的浓厚氛围。例如，上海张江科学城布局建设张江科学会堂、张江科学城书房、未来公园等科学文化设施和公共休闲空间，打造张江戏剧谷和川杨河艺术岛，积极开展科技文化国际交流，营造浓厚的科学文化氛围，彰显城市科学文化魅力。

科学城致力于建设良好的城市生态环境和提供高品质的公共服务，为科技创新人才提供优越的工作生活学习环境。当前，北京怀柔、广州南沙等在城市近郊区新建的科学城配套基础设施建设有待加强，尚缺乏优质医疗、教育、商业等公共服务设施，缺少便捷舒适住宅和社区环境，交通相对不便，距离科技创新人才高品质生活需求仍存在一定差距。

第四节 建设超级智能科学城政策取向

建设超级智能科学城需要聚焦塑造开放合作国家（区域）创新发展枢纽引擎目标，顺应创新驱动数字转型可持续发展大趋势，借鉴全球科学城建设经验，统筹提升科学价值、技术价值、经济价值、社会价值和文化价值创造及增值循环发展能力，着力重大科技基础设施集群功能开发与模块化数字化发展，着力推动重大科技基础设施及平台服务产业系统创新，着力推动创新驱动数字赋能新兴产业和未来产业发展，着力推动科学城数字政府与社会服务创新可持续发展，着力推动数字赋能科学文化与绿色生态环境创新发展，为中国式现代化和科技强国建设奠定坚实的物质技术基础。

一、强化数字化开放合作国家（区域）创新枢纽引擎

建设超级智能科学城旨在发挥中央政府和地方政府协同优势，夯实国家（区域）创新发展枢纽引擎的物质技术基础，推进科学价值、技术价值、经济价值、社会价值和文化价值创造能力建设，系统提升跨学科跨领域原始创新能力，系统提升国际科学合作与协同创新能力，系统提升经济、社会和文

化价值创造及增值循环发展能力，打造数字化开放合作国家（区域）创新枢纽引擎。

（1）统筹建设综合性国家科学中心和区域综合性科学中心，构建开放合作的超级智能科学城网络，系统提升跨学科跨领域的原始创新能力。推动北京怀柔、上海张江、安徽合肥、大湾区综合性国家科学中心以及成渝、武汉和西安等区域综合性科学中心的数字化转型，推动重大科技基础设施集群与交叉研究平台的合作共建、开放共享与功能互补，助力科学研究范式和技术开发范式转变，系统提升超级智能科学城网络的科学价值、技术价值创造能力和经济社会价值创造引领功能。

（2）优化综合性国家科学中心国际科学交流与合作政策环境，系统提升吸引集聚国际顶尖科学家和开展协同创新的能力。聚焦信息、材料、生命、能源、空天等领域，建立多元投入、合作共建、成果分享和人才激励机制，支持创新主体依托重大科技基础设施集群发起或者参与国际大科学计划和大科学工程，打造超级智能型基础科学、技术科学和工程科学领域开放合作研究平台，吸引集聚国际顶尖科学家，系统提升与科研机构协同创新并做出重大科学成果和成就杰出科学人才的能力。

（3）优化科学城创新创业和未来产业发展环境，系统提升基于科学价值和技术价值创造能力的经济、社会、文化价值创造及增值循环发展能力。营造成就天下英才事业梦想的软硬环境，推动创新链产业链资金链人才链深度融合，发挥重大科技基础设施集群和高校科研机构的综合优势，布局科学、技术、经济、社会和文化价值融合创造的超级智能创新创业示范区，育创新创业之"苗"，造未来产业之"林"，建设战略性新兴产业创新发展区，系统提升科学城创新发展枢纽引擎功能。

二、推动重大科技基础设施集群化模块化数字化发展

重大科技基础设施集群化模块化数字化发展是新技术革命与数字转型大势所趋，旨在助力创新主体突破空间距离、语言文字和学科领域壁垒，强化跨学科跨领域跨区域高水平学术交流与合作能力，推进科学研究和技术开发范式转变，夯实国家（区域）创新发展枢纽引擎的物质技术基础，构筑科学城特色优势领域和系统创新高地。

（1）统筹综合性国家（区域）科学中心建设规划，系统推进重大科技基

础设施集群化模块化数字化发展。聚焦综合性国家（区域）科学中心重点领域，推进重大科技基础设施集群模块化发展，强化重大科技基础设施与前沿交叉研究平台配套功能系统开发和数字化，提高重大科技基础设施建设和运行管理的数字化水平，探索实现重大科技基础设施预研、建设、运行、升级迭代的范式转变，系统提升重大科技基础设施迭代升级全生命周期管理和服务前瞻性基础研究、前沿引领技术开发、颠覆新技术创新的能力。

（2）建立重大科技基础设施集群用户网络和模块化用户委员会，系统推进数字化前沿交叉研究条件平台建设。按领域设立重大科技基础设施模块化用户委员会，吸引全球用户特别是企业用户全过程参与重大科技基础设施平台的数字化运行管理和迭代升级规划建设，支持领先用户依托重大科技基础设施建设数字化前沿交叉研究平台（系统），引领重大科技基础设施及前沿交叉研究平台建设运行管理范式转变和整体效能变革方向，系统提升国际顶尖用户和国家战略科技力量跨学科跨领域跨区域协同创新能力。

（3）建立重大科技基础设施集群化模块化数字化配套服务体系，系统推跨学科跨领域跨区域协同创新的支撑能力。支持重大科技基础设施集群化模块化数字化配套服务体系建设，拓展中国科学院重大科技基础设施公共服务平台功能，强化国家重大科技基础设施及前沿交叉研究平台服务能力。支持重大科研基础设施和大型科研仪器国家网络管理平台建设，强化设施仪器共享服务能力。强化国家重大科技基础设施及前沿交叉研究平台服务功能与重大科研基础设施和大型科研仪器共享服务功能的有效衔接和相互支撑，引领平台服务范式转变，系统提升服务功能数字化开放共享水平。

三、推动重大科技基础设施及平台服务产业系统创新

统筹推进重大科技基础设施建设运行、战略科技力量布局和产业创新发展深度耦合是保障国家发展和安全的必然要求，旨在系统提升战略领域新兴产业技术有效供给能力，系统提升区域特色优势产业技术和人才供给能力，系统提升科技领军企业利用重大科技基础设施及平台的能力，构筑超级智能科学城特色优势产业创新高地。

（1）培育发展科学城建制化战略高技术创新主体，系统提升战略领域新兴产业技术有效供给能力。把握优化国家战略科技力量的定位和布局的战略机遇，聚焦国际科技创新中心和区域科技创新中心建设目标，依托重大科技

基础设施及前沿交叉研究平台，在事关国家发展全局与安全的战略领域创建使命导向的国家实验室、国家科研机构、高水平研究型大学以及科技领军企业主导的创新联合体，强化超级智能科学城建制化国家战略科技力量，系统提升战略领域关键核心技术攻关和新兴产业技术有效供给能力。

（2）布局建设科教融合产教融合创新主体和平台，系统提升区域特色优势鲜明产业技术和人才供给能力。聚焦未来产业和战略性新兴产业技术前沿领域，支持社会力量与相关创新主体依托重大科技基础设施联合创建高等研究院、未来学院、产教融合学院等创新主体以及前沿交叉研究平台、大型科研仪器共享服务平台，探索科教融合、产教融合发展新机制，完善科技领军企业主导的产业技术创新体系，提升企业主导产学研深度融合产业系统创新能力，推动创新链、产业链、人才链深度融合，系统提升区域特色优势鲜明的产业技术和人才供给能力。

（3）加快产业创新发展数字基础设施建设，系统提升科技领军企业有效利用重大科技基础设施及平台能力。加快推进新一代通信网络基础设施建设，高效布局第六代移动通信（6G）网络、人工智能、大数据中心、边缘计算等新型数字基础设施，构建云网融合、智能敏捷、绿色低碳、安全可控的数字基础设施体系，提升数字赋能产业创新发展能力。支持科技领军企业技术创新系统数字化转型，依托重大科技基础设施建设前沿交叉研究平台，有效利用重大科技基础设施公共服务平台和大型科研仪器共享服务平台，强化企业主导产学研深度融合的创新联合体系统攻关能力。

四、推动创新驱动数字赋能新兴产业和未来产业发展

实施新兴产业创新发展工程，面向新技术革命与产业变革重点领域，加快推进数字赋能创新创业孵化平台、未来产业创新联合体和战略性新兴产业创新体系建设，探索新创企业和未来产业孵化新模式新范式，推动数字赋能未来产业创新发展，系统提升数字赋能战略性新兴产业创新集群发展能力，引领创新驱动数字赋能新质生产力发展方向。

（1）加快推进数字赋能创新创业孵化平台建设，全面推动新创企业和未来产业孵化范式转变。实施创新创业育苗造林行动计划，营造"热带雨林"式创新创业生态，支持创新主体兴办数字化、专业化、国际化、品牌化新创企业孵化载体，强化创新创业"孵化器／众创空间—加速器"孵化平台服务

体系与能力建设，为新创企业提供研发代工、中试熟化、科技咨询、技术交易、应用场景开发、未来产业孵化、资本市场对接等全链条服务，育"创新创业"之"苗"，造"未来产业"之"林"，催生新产业、新业态、新模式，探索创新创业引领未来产业发展的新机制，培育高成长高价值新创企业。

（2）加快推进数字化未来产业创新联合体建设，系统提升数字赋能未来产业创新发展能力。实施未来产业培育行动计划。面向未来制造、未来信息、未来材料、未来能源、未来空间和未来健康等重点领域，布局建设一批未来产业先导区，支持产学研等创新主体联合共建一批未来技术学院和未来产业研究院，打造一批兼具研究与孵化器功能的数字化未来产业创新联合体，提升未来产业系统创新能力和颠覆性技术供给能力。完善未来产业孵化生态，推进未来技术应用场景开发和未来产业跨界融合发展，开辟量子技术、生命科学等新赛道，培育孵化一批专精特新企业，为新质生产力发展注入新动能。

（3）加快推进战略性新兴产业创新体系建设，系统提升数字赋能战略性新兴产业创新集群发展能力。实施战略性新兴产业集群发展行动计划，鼓励发展创业投资、股权投资，优化产业投资基金功能，构建数字要素高效流通、大中小企业融通发展、产业链上下游协同创新的战略性新兴产业生态体系，加快发展新一代信息技术、人工智能、生物技术、新能源、智能网联新能源汽车、新材料、高端装备、绿色环保等产业，打造生物制造、商业航天、低空经济等新增长引擎，系统提升战略性新兴产业集群发展能力。

五、推动数字赋能社会服务与绿色生态环境创新发展

把握数字政府、数字社会、数字生态文明和数字文化发展机遇，发挥超级智能科学城基础设施和人才优势，加快数字基础设施建设和社会服务体系与绿色生态环境系统数字化转型，系统提升政务服务能力，系统提升高质量社会服务有效供给能力，系统提升绿色生态环境保障能力，打造全球创新思想涌现的沃土和创新创业创造者圆梦的乐园。

（1）把握数字政府发展机遇，系统提升超级智能科学城数字政务服务能力和数字化标准化水平。聚焦超级智能科学城发展目标，全面推进政府服务流程再造和政府管理决策数字转型，加快科学城政务云平台和数据中心体系建设，强化政务信息系统整合和数据资源共享，健全数字赋能政府管理决策

机制，推动政务服务线上线下整体联动，提升条块协同和跨部门协同治理能力，实现数字政务服务规范化、智能化和便利化。

（2）把握数字社会发展机遇，系统提升超级智能科学城优质社会服务数字化普惠水平。聚焦构建高质量、低成本、广覆盖社会公共服务体系目标，支持社会服务数字基础设施建设，加速推进数字赋能超级智能科学城的教育培训、医疗卫生、养老保障、就业创业、公共安全等公共服务流程再造与模式创新，充分利用国家相关公共服务数字化平台资源，支持系统提升高质量公共服务供给能力和全方位共享水平。

（3）把握数字生态文明发展机遇，系统提升超级智能科学城绿色生态环境保障和服务水平。聚焦"更安全、更放心、更环保、更健康"的绿色生态环境建设目标，推动数字赋能城市生产生活方式变革，普及绿色智能生活方式，推进市政公用设施和建筑绿色智能化改造，加快绿色智能产品研发和绿色智能生活技术推广应用，推进远程办公、在线会议、公共出行、绿色消费，加强水陆统筹、天地一体、上下协同、信息共享的绿色生态系统数字化监测，加速超级智能科学城绿色生态创新发展。

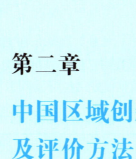

第二章
中国区域创新发展绩效指标及评价方法

中国区域创新发展绩效主要从区域创新发展水平和区域创新能力两个方面评价。区域创新发展水平是一个区域科技、产业、社会、环境发展水平的集中体现，主要从科学技术、产业创新、社会创新、环境创新四个方面来测度。区域创新能力是指一个区域在一定的发展环境和条件下，从事科学发现、技术发明并将创新成果商业化和获取经济回报的能力，主要从区域创新实力和区域创新效力两个方面来测度。

第一节　区域创新发展指数

区域创新发展是创新驱动的发展，既体现了创新促进经济、社会、环境发展的结果，也体现了科技创新水平本身的发展演进。区域创新发展是指一种发展状态，区域创新发展水平的提高是一个渐进和累积的过程。因此，区域创新发展水平可以从区域科学技术发展、区域产业创新发展、区域社会创新发展、区域环境创新发展四个方面进行测度。

区域创新发展指数由区域科学技术发展指数、区域产业创新发展指数、区域社会创新发展指数、区域环境创新发展指数 4 项一级指数构成。区域科学技术发展指数由 5 项二级指标构成，区域产业创新发展指数由 7 项二级指标构成，区域社会创新发展指数由 7 项二级指标构成，区域环境创新发展指数由 5 项二级指标构成。区域创新发展指标体系如表 2-1 所示。

表 2-1　区域创新发展指标体系

一级指数	二级指标
区域科学技术发展指数 x_1	人均 R&D（研究与试验发展）经费支出 x_{11}
	每万人 R&D 人员数量 x_{12}
	每万人本国有效发明专利数 x_{13}
	每万人 SCI（科学引文索引）论文数 x_{14}
	单位 R&D 人员技术市场交易额（按流出）x_{15}
区域产业创新发展指数 x_2	全员劳动生产率 *x_{21}
	高技术产业营业收入占制造业营业收入比重 x_{22}
	技术转让交易额占比（按流向）x_{23}
	规模以上工业企业新产品销售收入占营业收入比重 x_{24}
	有电子商务交易活动的企业比重 x_{25}
	软件业务收入占制造业营业收入比重 x_{26}
	有电子交易活动企业的平均电子商务销售额 x_{27}
区域社会创新发展指数 x_3	地方财政卫生健康支出占 GDP 比重 x_{31}
	城镇居民人均可支配收入与全国平均数比重 x_{32}
	每十万人口各级学校平均在校生数 x_{33}
	信息化设备资产值占固定资产总值的比重 x_{34}
	多媒体教室数量占教室数量的比重 x_{35}
	人口预期寿命 x_{36}
	每千人口卫生技术人员数 x_{37}
区域环境创新发展指数 x_4	单位能耗对应的 GDP x_{41}
	单位废水中主要污染物排放量对应的 GDP x_{42}
	工业固体废物综合利用率 x_{43}

续表

一级指数	二级指标
区域环境创新发展指数 x_4	单位废气中主要污染物排放量对应的 GDP x_{44}
	生活垃圾无害化处理率 GDP x_{45}

资料来源：本指标体系的数据主要来源于《中国统计年鉴》、《中国高技术产业统计年鉴》、《中国科技统计年鉴》、《中国能源统计年鉴》、《工业企业科技活动统计资料》、《中国火炬统计年鉴》、国家知识产权局统计年报、国家发展和改革委员会网站、科学技术部网站等。

　*按照国家统计局对一国全员劳动生产率的计算公式：全员劳动生产率＝国内生产总值／平均就业人数。故对中国各个省区市全员劳动生产率的计算公式采用全员劳动生产率＝地区生产总值／地区从业人员平均数。

第二节　区域创新能力指数

　　区域创新能力是指一个区域整合创新资源并将创新资源转化为财富的能力。区域创新能力体现在区域产业发展水平和产业结构优化程度上。创新能力强的区域，其知识和技术密集型产业所占比重通常较高，可以提供更多的高附加值的产品和服务。区域创新能力还体现在创新活动效率和效益上。创新能力强的区域必须是创新效率高、创新效益好，并能有效驱动经济社会全面协调可持续发展的区域。区域创新能力可以从创新活动的规模、效率两个方面测度。其中，创新活动的规模和效率均可以从创新投入、创新条件、创新产出和创新影响等四个方面测度。

　　区域创新能力指数由区域创新实力指数、区域创新效力指数2项一级指数构成。其中，区域创新实力指数由区域创新投入实力指数、区域创新条件实力指数、区域创新产出实力指数和区域创新影响实力指数4项二级指数构成；区域创新效力指数由区域创新投入效力指数、区域创新条件效力指数、区域创新产出效力指数和区域创新影响效力指数4项二级指数构成。区域创新能力指标体系如表2-2所示。

表 2-2　区域创新能力指标体系

一级指数	二级指数	三级指标
区域创新实力指数 y_1	区域创新投入实力指数 y_{11}	R&D 人员全时当量 y_{111}
		R&D 经费支出 y_{112}
		科技企业孵化器当年获风险投资额 y_{113}
	区域创新条件实力指数 y_{12}	有效发明专利数 y_{121}
		重大科技基础设施和平台数 y_{122}
		研究试验平台数量 y_{123}
		产业创新平台数量 y_{124}
		创新服务平台数量 y_{125}
		检验检测平台数量 y_{126}
	区域创新产出实力指数 y_{13}	发明专利申请量 y_{131}
		PCT（《专利合作条约》）专利申请量 y_{132}
		SCI 论文数 y_{133}
		工业企业形成国家或行业标准数 y_{134}
	区域创新影响实力指数 y_{14}	规模以上工业企业新产品销售收入 y_{141}
		产业集群数量 y_{142}
		高技术产业利润总额 y_{143}
区域创新效力指数 y_2	区域创新投入效力指数 y_{21}	从业人员中 R&D 人员比重 y_{211}
		R&D 经费投入强度 y_{212}
		平均每个在孵企业当年获风险投资额 y_{213}
	区域创新条件效力指数 y_{22}	每万人有效发明专利数量 y_{221}
		每百万人研究试验平台数量 y_{222}
		每百万人产业创新平台数量 y_{223}
		每百万人创新服务平台数量 y_{224}
		每百万人检测检验平台数量 y_{225}
	区域创新产出效力指数 y_{23}	单位 R&D 人员发明专利申请量 y_{231}
		单位 R&D 人员 PCT 专利申请量 y_{232}
		单位 R&D 人员 SCI 论文数 y_{233}
		每万家工业企业形成国家或行业标准数 y_{234}

续表

一级指数	二级指数	三级指标
区域创新效力指数 y_2	区域创新影响效力指数 y_{24}	规模以上工业企业新产品销售收入占营业收入比重 y_{241}
		人均地区生产总值 y_{242}
		单位能耗对应的 GDP y_{243}
		单位废水中主要污染物排放量对应的 GDP y_{244}
		单位废气中主要污染物排放量对应的 GDP y_{245}

资料来源：本指标体系的数据主要来源于《中国统计年鉴》、《中国高技术产业统计年鉴》、《中国工业统计年鉴》、《中国科技统计年鉴》、《中国能源统计年鉴》、《工业企业科技活动统计资料》、《中国火炬统计年鉴》、国家知识产权局统计年报、国家发展和改革委员会网站、中国科学技术部网站等。

第三节 数据处理及指标计算

一、数据标准化

区域创新发展指数和区域创新能力指数均属于多指标评价体系，不同的指标具有不同的量纲和数量级。因此，需要对指标原始数据进行标准化处理。数据标准化是指将数据按比例缩放，使之落入一个特定的区间，去除数据的量纲限制，将其转化为无量纲的纯数据，便于不同单位或量级的指标能够进行比较和加权。本报告采用离差标准化（min-max 标准化）方法，对 30 个省、自治区、直辖市（简称省区市）的 62 项指标原始度量值进行线性变换，使结果落在 [0,100]。为了使最终评价结果具备历史可比性，结合指标发展趋势和专家判断，分别对各个指标的数据面向 2035 年进行数据标准化处理，转换函数如下：

$$\bar{Z}_{ijt} = \frac{Z_{ijt} - \mathrm{Min}Z_{ijt}}{\mathrm{Max}Z_{ijt} - \mathrm{Min}Z_{ijt}} \times 100$$

式中，$\overline{Z}_{ijt}$ 表示第 i 个省区市第 j 项指标在 t 年的标准化数据，其中 $i=1$，$2,\cdots,30$；$j=1,2,\cdots,62$；$t \in [2011,2020]$；Z_{ijt} 表示第 i 个省区市第 j 项指标在 t 年的原始度量值，其中 $i=1,2,\cdots,30$；$j=1,2,\cdots,62$；$t \in [2011,2020]$；$MinZ_{ijt}$ 表示第 j 项指标 2011～2035 年 30 个省区市最小值；$MaxZ_{ijt}$ 表示第 j 项指标 2011～2035 年 30 个省区市最大值。本报告选择北京市、天津市、河北省、山西省、内蒙古自治区、辽宁省、吉林省、黑龙江省、上海市、江苏省、浙江省、安徽省、福建省、江西省、山东省、河南省、湖北省、湖南省、广东省、广西壮族自治区、重庆市、四川省、贵州省、云南省、陕西省、甘肃省、青海省、宁夏回族自治区、新疆维吾尔自治区、海南省等 30 个省区市作为评价样本集。由于西藏自治区部分统计数据缺失，以及台湾省、香港特别行政区、澳门特别行政区部分数据缺失和统计口径无可比性，以上 4 个地区均未纳入评价样本集。

二、指标及指数权重确定

区域创新发展指数和区域创新能力指数中各项指标及指数权重的确定主要依据其在区域创新发展中的重要性。为保证指标能够客观、可靠地反映区域创新发展水平，权重的确定主要依据专家的高水平判断。首先，多次邀请多个相关领域专家对指标进行逐项判断，给出权重；其次，基于专家的判断，剔除异常值，计算出平均权重；最后，讨论确定每个指标和指数的权重。

三、指数计算

（一）区域创新发展指数计算

区域创新发展指数由区域科学技术发展指数、区域产业创新发展指数、区域社会创新发展指数、区域环境创新发展指数 4 项一级指数按照一定的权重进行集成。其中，每项一级指数由二级指标进行标准化后的数据按照一定的权重进行集成。区域创新发展指数、指标及权重符号如表 2-3 所示。其中，权重满足 $w_1+w_2+w_3+w_4=1$，且组成某一级指数的各项二级指标的权重和均为 1。

区域创新发展指数 $X=x_1 \times w_1+x_2 \times w_2+x_3 \times w_3+x_4 \times w_4$。

区域科学技术发展指数 $x_1=x_{11} \times w_{11}+x_{12} \times w_{12}+x_{13} \times w_{13}+x_{14} \times w_{14}+x_{15} \times w_{15}$。

区域产业创新发展指数 $x_2 = x_{21} \times w_{21} + x_{22} \times w_{22} + x_{23} \times w_{23} + x_{24} \times w_{24} + x_{25} \times w_{25} + x_{26} \times w_{26} + x_{27} \times w_{27}$。

区域社会创新发展指数 $x_3 = x_{31} \times w_{31} + x_{32} \times w_{32} + x_{33} \times w_{33} + x_{34} \times w_{34} + x_{35} \times w_{35} + x_{36} \times w_{36} + x_{37} \times w_{37}$。

区域环境创新发展指数 $x_4 = x_{41} \times w_{41} + x_{42} \times w_{42} + x_{43} \times w_{43} + x_{44} \times w_{44} + x_{45} \times w_{45}$。

表 2-3　区域创新发展指数、指标及权重符号表示列表

总指数	一级指数	一级指数权重	二级指标	二级指标权重
区域创新发展指数 X	区域科学技术发展指数 x_1	w_1	x_{11}	w_{11}
			x_{12}	w_{12}
			x_{13}	w_{13}
			x_{14}	w_{14}
			x_{15}	w_{15}
	区域产业创新发展指数 x_2	w_2	x_{21}	w_{21}
			x_{22}	w_{22}
			x_{23}	w_{23}
			x_{24}	w_{24}
			x_{25}	w_{25}
			x_{26}	w_{26}
			x_{27}	w_{27}
	区域社会创新发展指数 x_3	w_3	x_{31}	w_{31}
			x_{32}	w_{32}
			x_{33}	w_{33}
			x_{34}	w_{34}
			x_{35}	w_{35}
			x_{36}	w_{36}
			x_{37}	w_{37}
	区域环境创新发展指数 x_4	w_4	x_{41}	w_{41}
			x_{42}	w_{42}
			x_{43}	w_{43}
			x_{44}	w_{44}
			x_{45}	w_{45}

（二）区域创新能力指数计算

区域创新能力指数由区域创新实力指数、区域创新效力指数 2 项一级指数按照一定的权重进行集成。其中，每项一级指数由二级指数按照一定的权重进行集成，每项二级指数由三级指标进行标准化后的数据按照一定的权重进行集成。区域创新能力指数、指标及权重符号如表 2-4 所示。其中，权重满足 $p_1+p_2=p_{11}+p_{12}+p_{13}+p_{14}=p_{21}+p_{22}+p_{23}+p_{24}=1$，且组成某二级指数的各项三级指标的权重和均为 1。

区域创新能力指数 $Y=y_1\times p_1+y_2\times p_2$。

区域创新实力指数 $y_1=y_{11}\times p_{11}+y_{12}\times p_{12}+y_{13}\times p_{13}+y_{14}\times p_{14}$。

其中，区域创新投入实力指数 $y_{11}=y_{111}\times p_{111}+y_{112}\times p_{112}+y_{113}\times p_{113}$；

区域创新条件实力指数 $y_{12}=y_{121}\times p_{121}+y_{122}\times p_{122}+y_{123}\times p_{123}+y_{124}\times p_{124}+y_{125}\times p_{125}+y_{126}\times p_{126}$；

区域创新产出实力指数 $y_{13}=y_{131}\times p_{131}+y_{132}\times p_{132}+y_{133}\times p_{133}+y_{134}\times p_{134}$；

区域创新影响实力指数 $y_{14}=y_{141}\times p_{141}+y_{142}\times p_{142}+y_{143}\times p_{143}$。

区域创新效力指数 $y_2=y_{21}\times p_{21}+y_{22}\times p_{22}+y_{23}\times p_{23}+y_{24}\times p_{24}$。

其中，区域创新投入效力指数 $y_{21}=y_{211}\times p_{211}+y_{212}\times p_{212}+y_{213}\times p_{213}$；

区域创新条件效力指数 $y_{22}=y_{221}\times p_{221}+y_{222}\times p_{222}+y_{223}\times p_{223}+y_{224}\times p_{224}+y_{225}\times p_{225}$；

区域创新产出效力指数 $y_{23}=y_{231}\times p_{231}+y_{232}\times p_{232}+y_{233}\times p_{233}+y_{234}\times p_{234}$；

区域创新影响效力指数 $y_{24}=y_{241}\times p_{241}+y_{242}\times p_{242}+y_{243}\times p_{243}+y_{244}\times p_{244}+y_{245}\times p_{245}$。

表 2-4　区域创新能力指数、指标及权重符号表示列表

总指数	一级指数	一级指数权重	二级指数	二级指数权重	三级指标	三级指标权重
区域创新能力指数 Y	区域创新实力指数 y_1	p_1	区域创新投入实力指数 y_{11}	p_{11}	y_{111}	p_{111}
					y_{112}	p_{112}
					y_{113}	p_{113}
			区域创新条件实力指数 y_{12}	p_{12}	y_{121}	p_{121}
					y_{122}	p_{122}
					y_{123}	p_{123}
					y_{124}	p_{124}
					y_{125}	p_{125}
					y_{126}	p_{126}

续表

总指数	一级指数	一级指数权重	二级指数	二级指数权重	三级指标	三级指标权重
区域创新能力指数 Y	区域创新实力指数 y_1	p_1	区域创新产出实力指数 y_{13}	p_{13}	y_{131}	p_{131}
					y_{132}	p_{132}
					y_{133}	p_{133}
					y_{134}	p_{134}
			区域创新影响实力指数 y_{14}	p_{14}	y_{141}	p_{141}
					y_{142}	p_{142}
					y_{143}	p_{143}
	区域创新效力指数 y_2	p_2	区域创新投入效力指数 y_{21}	p_{21}	y_{211}	p_{211}
					y_{212}	p_{212}
					y_{213}	p_{213}
			区域创新条件效力指数 y_{22}	p_{22}	y_{221}	p_{221}
					y_{222}	p_{222}
					y_{223}	p_{223}
					y_{224}	p_{224}
					y_{225}	p_{225}
			区域创新产出效力指数 y_{23}	p_{23}	y_{231}	p_{231}
					y_{232}	p_{232}
					y_{233}	p_{233}
					y_{234}	p_{234}
			区域创新影响效力指数 y_{24}	p_{24}	y_{241}	p_{241}
					y_{242}	p_{242}
					y_{243}	p_{243}
					y_{244}	p_{244}
					y_{245}	p_{245}

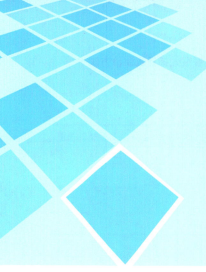

第三章

中国区域创新发展水平演进

第一节　中国区域创新发展指数演进

2011～2020 年，中国 30 个省区市创新发展水平均显著提升，区域创新发展指数平均值从 20.05 增长到 27.43。2011 年，北京、上海、江苏、天津、浙江、广东、重庆、山东和福建等 9 个省市的区域创新发展指数值高于 30 个省区市平均值；2020 年，北京、上海、江苏、浙江、广东、天津、重庆、安徽、福建、山东、湖北和陕西等 12 个省市的区域创新发展指数值高于 30 个省区市平均值，其中安徽、湖北和陕西新进入创新发展指数高于 30 个省区市平均值行列地区。

2020 年，北京区域创新发展指数为 53.62，在 30 个省区市中居第 1 位，指数值约为 30 个省区市平均值的 2 倍。除海南和河北外，东部省市的区域创新发展指数均高于 30 个省区市平均值，安徽和湖北 2 个中部省份的区域创新发展指数高于 30 个省区市平均值。西南 5 个省区市中，除重庆和未纳入此次监测的西藏外，四川、云南和贵州的区域创新发展指数均低于 30 个省区市平均值；西北 5 个省区中，除陕西外，甘肃、青海、新疆和宁夏的区域创新发展指数均低于 30 个省区市平均值，且排名在后 10 位；辽宁、吉林和黑龙江东北三省的区域创新发展指数均排在后 10 位（图 3-1）。

2011～2020 年，北京、上海区域创新发展指数排名稳居前 2 位，创新

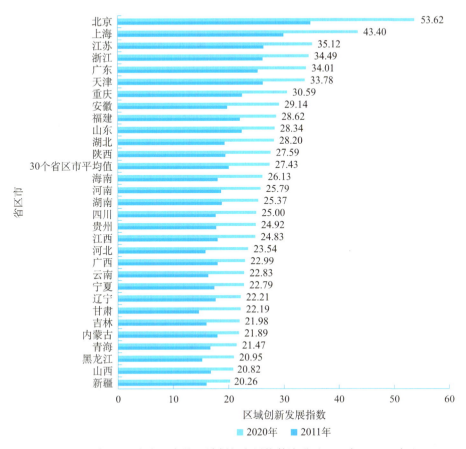

图 3-1　中国 30 个省区市的区域创新发展指数演进（2011 年、2020 年）

注：图中数值为 2020 年区域创新发展指数值

发展水平居于前列。江苏、浙江、广东、天津、重庆区域创新发展指数排名在第 3～7 位，表现出较高的创新发展水平。四川、河北、云南、甘肃 4 个省份区域创新发展指数排名快速上升：四川区域创新发展指数排名从第 20 位上升至第 16 位，河北区域创新发展指数排名从第 28 位上升至第 19 位，云南区域创新发展指数排名从第 25 位上升至第 21 位，甘肃区域创新发展指数排名从第 30 位上升至第 24 位。同期，广西、内蒙古、山西、新疆 4 个省区区域创新发展指数排名快速下降，分别从第 16 位、第 18 位、第 23 位、第 26 位，下降到第 20 位、第 26 位、第 29 位、第 30 位（表 3-1）。

表 3-1　中国 30 个省区市的区域创新发展指数排名（2011～2020 年）

省区市	2011 年	2012 年	2013 年	2014 年	2015 年	2016 年	2017 年	2018 年	2019 年	2020 年
北京	1	1	1	1	1	1	1	1	1	1
上海	2	2	2	2	2	2	2	2	2	2
江苏	3	3	3	3	3	4	6	5	3	3
浙江	5	5	5	5	5	5	5	6	5	4
广东	6	6	6	6	6	6	4	3	4	5
天津	4	4	4	4	4	3	3	4	6	6
重庆	7	9	7	7	7	7	7	7	7	7
安徽	10	10	11	10	10	11	10	10	8	8
福建	9	8	9	9	9	10	9	9	10	9
山东	8	7	8	8	8	8	8	8	11	10
湖北	12	11	10	11	11	12	11	11	9	11
陕西	11	12	12	12	12	9	13	13	12	12
海南	15	18	14	15	14	14	14	18	14	13
河南	14	15	15	14	15	15	15	14	16	14
湖南	13	13	13	13	13	13	12	12	13	15
四川	20	21	19	16	18	17	17	16	15	16
贵州	19	20	23	19	16	16	16	15	17	17
江西	17	22	21	22	22	25	22	22	18	18
河北	28	27	25	25	23	23	18	20	21	19
广西	16	16	16	17	17	18	19	21	20	20
云南	25	26	26	23	27	26	27	28	24	21
宁夏	22	17	17	18	24	24	24	24	23	22
辽宁	21	14	18	20	21	20	20	19	19	23
甘肃	30	30	30	30	30	28	25	26	26	24
吉林	27	28	24	26	25	21	26	25	25	25
内蒙古	18	19	20	21	20	22	23	23	27	26
青海	24	24	27	27	19	19	21	17	25	27
黑龙江	29	25	28	29	29	29	29	29	30	28
山西	23	23	22	24	26	27	28	27	28	29
新疆	26	29	29	28	28	30	30	30	29	30

　　从各省区市区域创新发展指数年均增速来看，2011～2020 年，中国区域创新发展水平演进总体呈现三个特点。一是中西部省区市区域创新发展水平提升较快。甘肃区域创新发展指数年均增速达 4.73%，仅次于北京。在区域创新发展指数年均增速高于 30 个省区市平均值的 15 个省市中，甘肃、安徽、湖北、陕西、四川、贵州、云南、河南、江西 9 个省份位于中西部地区。二是东部沿海省市区域创新发展水平增速整体较慢。除河北、上海和海南外，山东、天津、福建、浙江、江苏、广东等东部沿海省市区域创新发展指数年

均增速均低于 30 个省区市平均值年均增速。三是东北省份区域创新发展水平增长差异较大。黑龙江和吉林区域创新发展指数年均增速均高于 30 个省区市平均值年均增速，分别居第 14 位、第 15 位，辽宁区域创新发展指数年均增速则排第 28 位（图 3-2）。

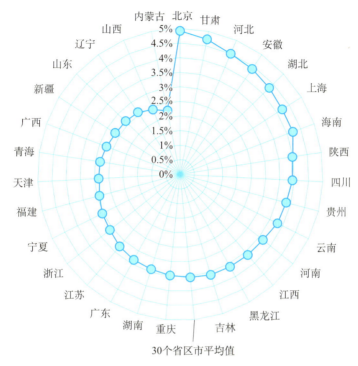

图 3-2　中国 30 个省区市区域创新发展指数年均增速（2011 ～ 2020 年）

第二节　中国区域科学技术发展指数演进

区域科学技术发展水平是区域产业创新发展、区域社会创新发展、区域环境创新发展的重要科技支撑。区域科学技术发展指数由人均 R&D 经费支出、每万人 R&D 人员数量、每万人本国有效发明专利数、每万人 SCI 论文数、单位 R&D 人员技术市场交易额（按流出）等 5 项二级指标构成。

2011～2020 年，除青海区域科学技术发展指数出现小幅下降外，其他省区市区域科学技术发展指数均实现较大程度增长，30 个省区市平均值从 4.68 增长至 11.33。2020 年，北京、上海、天津、江苏、陕西、浙江、广东、湖北、吉林 9 个省市区域科学技术发展指数高于 30 个省区市平均值。相较于 2011 年，湖北、吉林属于新进入区域科学技术发展指数高于 30 个省区市平均值行列的省份，而辽宁退出了该行列。2020 年，北京以 60.54 的区域科学技术发展指数居第 1 位，是上海区域科学技术发展指数的 2 倍、30 个省区市平均值的 5.3 倍（图 3-3）。

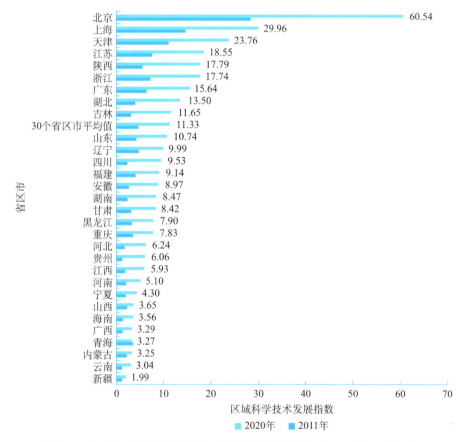

图 3-3　中国 30 个省区市区域科学技术发展指数演进（2011 年、2020 年）

注：图中数值为 2020 年区域科学技术发展指数值

　　从区域科学技术发展指数年均增速来看，2011～2020 年，中国区域科学技术发展水平演进呈现三个特点。一是部分西部省区市区域科学技术发展水平提升较快。贵州区域科学技术发展指数年均增速达 19.00%，居第 1 位。此外，四川、陕西、甘肃、云南、广西 5 个西部省区区域科学技术发展指数年均增速高于 30 个省区市平均值年均增速。二是中部省份区域科学技术发展水平增长较快。除山西外，湖南、湖北、安徽、江西和河南区域科学技术发展指数年均增速均高于 30 个省区市平均值年均增速，且湖南、湖北、安徽和江西排名居前 10 位。三是东北省份区域科学技术发展水平增长差异显著。吉林区域科学技术发展指数年均增速为 15.82%，排第 3 位，黑龙江和辽宁区域科学技术发展指数分别以 10.17% 和 8.58% 的年均增速排第 19 位、第 25 位（图 3-4）。

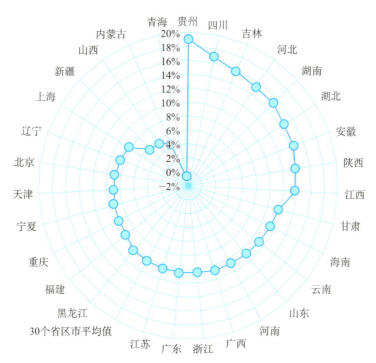

图 3-4　中国 30 个省区市区域科学技术发展指数年均增速（2011～2020 年）

第三节　中国区域产业创新发展指数演进

区域产业创新发展是区域经济创新力和竞争力增强的重要推动力，区域产业创新发展水平提升是全要素生产率不断提高、发展方式逐步转变、经济结构持续优化带来的长期积累结果。区域产业创新发展指数由全员劳动生产率、高技术产业营业收入占制造业营业收入比重、技术转让交易额占比（按流向）、规模以上工业企业新产品销售收入占营业收入比重、有电子商务交易活动的企业比重、软件业务收入占制造业营业收入比重、有电子交易活动企业的平均电子商务销售额等 7 项二级指标构成。

2011～2020 年，中国 30 个省区市区域产业创新发展指数均实现了不同程度的增长，区域产业创新发展指数平均值由 14.26 增长至 21.27。2020 年，北京、上海、广东、重庆、江苏、安徽、浙江、天津、湖北、山东、四川、福建、湖南、江西等 14 个省市区域产业创新发展指数高于 30 个省区市平均值。相较于 2011 年，安徽、湖北、四川、湖南、江西属于新进入区域产业创新发展指数高于 30 个省区市平均值行列的省份。2020 年，北京、上海、广东区域产业创新发展指数分别为 38.30、34.95 和 30.73，居前 3 位。安徽、湖北、湖南和江西 4 个中部省份区域产业创新发展指数高于 30 个省区市平均值；陕西、内蒙古、广西、贵州、宁夏、青海、甘肃和新疆等 8 个西部省区区域产业创新发展指数均低于 30 个省区市平均值，且青海、甘肃和新疆排名居后 5 位（图 3-5）。

从区域产业创新发展指数年均增速来看，2011～2020 年，中国区域产业创新发展水平演进呈现三个特点。一是中部六省区域产业创新发展水平增速整体表现出众。安徽、湖北、湖南、河南、山西和江西中部六省区域产业创新发展指数年均增速均高于 30 个省区市平均值，且安徽、湖北和湖南区域产业创新发展指数年均增速分别居第 2 位、第 3 位和第 6 位。二是东部省市区域创新发展水平增速差异显著。浙江、北京、山东和海南区域产业创新发展指数年均增速高于 30 个省区市平均值年均增速，天津、江苏、河北、上海、广东和福建区域产业创新发展指数年均增速低于 30 个省区市平均值，且均排后 10 位。三是东北省份区域产业创新发展水平增长缓慢。辽宁区域产业创新发展指数年均增速稍高于 30 个省区市平均值年均增速，居第 16 位，但黑龙江和吉林区域产业创新发展指数年均增速较低，分别居第 27 位、第 30 位（图 3-6）。

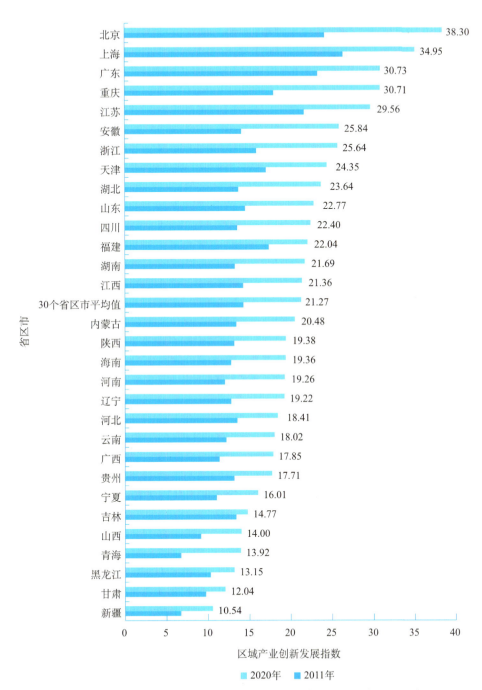

图 3-5　中国 30 个省区市区域产业创新发展指数演进（2011 年、2020 年）

注：图中数值为 2020 年区域产业创新发展指数值

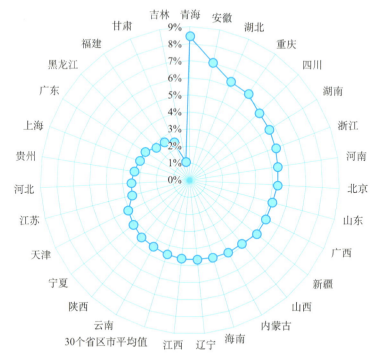

图 3-6　中国 30 个省区市区域产业创新发展指数年均增速（2011～2020 年）

第四节　中国区域社会创新发展指数演进

　　区域社会创新发展水平是衡量一个地区经济、社会、文化、科技水平的重要标志，也是衡量一个地区社会组织程度和管理水平的重要标志。区域社会创新发展指数由地方财政卫生健康支出占 GDP 比重、城镇居民人均可支配收入与全国平均数比重、每十万人口各级学校平均在校生数、信息化设备资产值占固定资产总值的比重、多媒体教室数量占教室数量的比重、人口预期寿命、每千人口卫生技术人员数 7 项二级指标构成。

　　2011～2020 年，中国 30 个省区市区域社会创新发展指数均实现一定程度的增长，区域社会创新发展指数平均值由 29.76 增长至 37.65。2020 年，北京、上海、浙江、广东、江苏、贵州、青海、宁夏、新疆、重庆、山东、福建、海南、江西、天津和广西等 16 个省区市区域社会创新发展指数高于 30 个省区市平均值。相较于 2011 年，贵州、青海、海南、江西和广西属于新进入区域社会创新发展指数高于 30 个省区市平均值行列的地区。2020 年，北京、上海、浙江、广东、江苏、山东、福建、海南和天津等东部省市区域社会创新发展指数表现整体较好，均高于 30 个省区市平均值，且北京、上海、浙江、广东和江苏居第 1～5 位。贵州、青海、宁夏、新疆、重庆和广西 6 个西部省区市区域社会创新发展指数高于 30 个省区市平均值；黑龙江、辽宁和吉林 3 个东北省份的区域社会创新发展指数整体偏低，分别排第 27 位、第 29 位、第 30 位（图 3-7）。

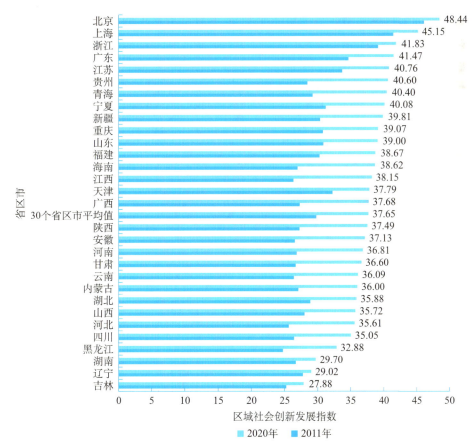

图 3-7　中国 30 个省区市区域社会创新发展指数演进（2011 年、2020 年）

注：图中数值为 2020 年区域社会创新发展指数值

从区域社会创新发展指数年均增速来看，2011～2020年，中国区域社会创新发展水平演进呈现三个特点。一是中部六省区域社会创新发展水平增长差异显著。江西、安徽、河南和山西区域社会创新发展指数年均增速均高于30个省区市平均值年均增速，且江西和安徽分别居第1位、第4位，湖北和湖南区域社会创新发展指数年均增速低于30个省区市平均值，分别居第21位和第25位。二是西部省区市区域社会创新发展水平提升相对较快。贵州、青海、广西、陕西、甘肃、云南、内蒙古、四川、新疆、宁夏和重庆等西部省区市区域社会创新发展指数年均增速均高于30个省区市平均值年均增速。三是东部省市区域社会创新发展水平增长差异较大。海南、河北、福建和山东区域社会创新发展指数年均增速均高于30个省区市平均值增速，且海南居第2位，而江苏、广东、天津、上海、浙江、北京的区域社会创新发展指数年均增速均低于30个省区市平均值年均增速且排名居后10位（图3-8）。

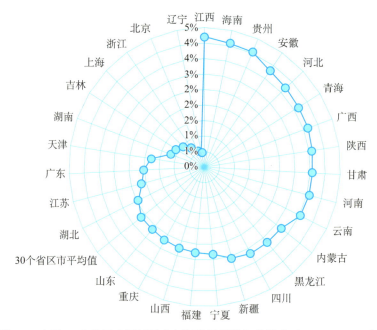

图3-8　中国30个省区市区域社会创新发展指数年均增速（2011～2020年）

第五节　中国区域环境创新发展指数演进

区域环境创新发展是一个地区人与自然和谐的发展，是生产发展、生活富裕、生态良好、土地资源能源利用率高的发展，强调在经济社会发展的同时，节约资源和保护环境、提高土地利用效率和效益，最大限度地减少对生态系统的影响。区域环境创新发展指数由单位能耗对应的GDP、单位废水中主要污染物排放量对应的GDP、工业固体废物综合利用率、单位废气中主要污染物排放量对应的GDP、生活垃圾无害化处理率等5项二级指标构成。

2011~2020年，除内蒙古区域环境创新发展指数出现小幅下降外，其他省区市区域环境创新发展指数均实现一定程度的增长，30个省区市平均值由31.52增长至39.47。2020年，北京、上海、浙江、江苏、天津、广东、重庆、福建、安徽、海南、河南、湖南、山东和湖北等14个省市区域环境创新发展指数高于30个省区市平均值。相较于2011年，海南和湖北属于新进入区域环境创新发展指数高于30个省区市平均值行列的省份，而广西和陕西退出了该行列。2020年，东部省市区域环境创新发展指数表现整体较好，北京、上海、浙江、江苏、天津、广东、福建、海南和山东区域环境创新发展指数均高于30个省区市平均值，且北京、上海、浙江、江苏、天津、广东排前6位。中部六省中，安徽、河南、湖南和湖北区域环境创新发展指数高于30个省区市平均值，江西和山西区域环境创新发展指数则低于30个省区市平均值，且山西区域环境创新发展指数较低，排第26位。除重庆外，西部省区区域环境创新发展指数均低于30个省区市平均值（图3-9）。

从区域环境创新发展指数年均增速来看，2011~2020年，中国区域环境创新发展水平演进呈现三个特点。一是东部省市区域环境创新发展水平提升差异显著。上海、北京、河北、海南和广东区域环境创新发展指数年均增速均高于30个省区市平均值年均增速，且上海以6.08%排第1位。浙江、江苏、福建、天津和山东区域环境创新发展指数年均增速均低于30个省区市平均值年均增速，且山东区域环境创新发展指数年均增速居第29位。二是东北省份区域环境创新发展水平提升相对较快。吉林和黑龙江区域环境创新发展指数

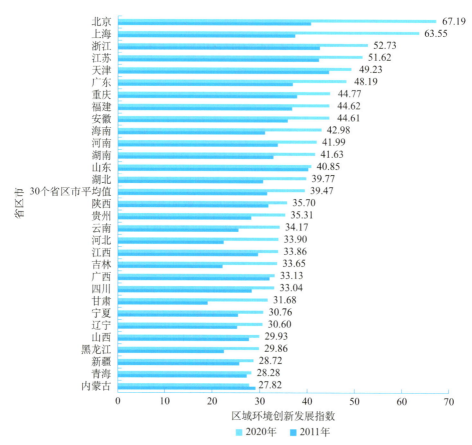

图 3-9 中国 30 个省区市区域环境创新发展指数演进（2011 年、2020 年）

注：图中数值为 2020 年区域环境创新发展指数值

年均增速均高于 30 个省区市平均值年均增速，且吉林表现出色，居第 4 位。三是西部省区市区域环境创新发展水平提升差异显著。甘肃、云南和贵州区域环境创新发展指数年均增速均高于 30 个省区市平均值年均增速，且甘肃以 5.81% 居第 2 位。其他西部省区市区域环境创新发展指数年均增速均低于 30 个省区市平均值年均增速，青海、广西和内蒙古区域环境创新发展指数年均增速排名后 5 位（图 3-10）。

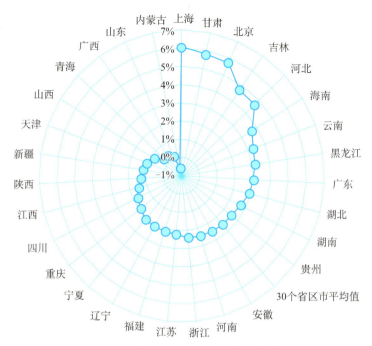

图 3-10　中国 30 个省区市区域环境创新发展指数年均增速（2011 ～ 2020 年）

第四章

中国区域创新能力演进

第一节 中国区域创新能力指数演进

2011～2020年，30个省区市区域创新能力指数均实现不同程度的提升，区域创新能力指数平均值由5.56增加至10.92。2011年，北京、江苏、广东、上海、浙江、山东、天津、陕西和湖北9个省市区域创新能力指数高于30个省区市平均值，分别为20.32、12.55、11.67、11.61、8.97、8.46、6.93、6.92、6.08，其中北京以绝对优势领先于其他省区市。2020年，北京、广东、江苏、上海、浙江、山东、湖北、天津和安徽9个省市区域创新能力指数高于30个省区市平均值，分别为35.90、31.31、27.74、23.45、20.37、15.75、11.68、11.47、11.37，9个省市的区域创新能力指数均高于10，北京仍然以绝对优势领先于其他省区市。安徽进入区域创新能力指数高于30个省区市平均值行列，其区域创新能力指数由2011年的4.85上升至2020年的11.37（图4-1）。

2011～2020年，北京、广东、江苏、上海、浙江、山东等东部省市区域创新能力指数排名始终居于前6位。其中，北京始终占据区域创新能力指数排名的第1位。福建和河北等东部省份排名有所上升，其中福建从第15位上升至第13位，河北从第23位上升至第18位。湖北、安徽、河南和江西等中部省份区域创新能力指数排名也有所上升。其中，湖北区域创新能力指数排名从第9位上升至第7位，安徽从第13位提升至第9位，河南和江西分别从

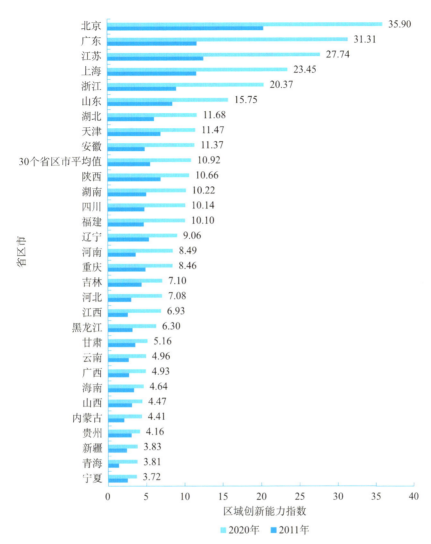

图 4-1　中国 30 个省区市区域创新能力指数演进（2011 年、2020 年）

注：图中数值为 2020 年区域创新能力指数值

第 17 位、第 26 位上升到第 15 位、第 19 位。西部省区市中，四川从第 14 位
上升至第 12 位，云南从第 25 位上升至第 22 位，内蒙古从第 29 位上升至第
26 位（表 4-1）。

从区域创新能力指数年均增速来看，2011～2020 年，中国区域创新能
力演进呈现三个特点。一是东部省市区域创新能力指数年均增速差异较大。
广东、河北、浙江、江苏和福建 5 个东部省份区域创新能力指数年均增速

表 4-1　中国 30 个省区市区域创新能力指数排名（2011～2020 年）

省区市	2011 年	2012 年	2013 年	2014 年	2015 年	2016 年	2017 年	2018 年	2019 年	2020 年
北京	1	1	1	1	1	1	1	1	1	1
广东	3	4	3	4	3	3	2	2	2	2
江苏	2	2	2	2	2	2	3	3	3	3
上海	4	3	4	3	4	4	4	4	4	4
浙江	5	5	5	5	5	5	5	5	5	5
山东	6	6	6	6	6	6	6	6	6	6
湖北	9	8	9	9	9	8	8	8	7	7
天津	7	7	7	7	7	7	7	7	8	8
安徽	13	13	11	10	8	9	10	10	10	9
陕西	8	10	8	8	10	10	9	9	9	10
湖南	11	12	12	12	12	13	14	14	12	11
四川	14	14	13	11	13	12	11	12	13	12
福建	15	15	14	14	15	14	12	11	11	13
辽宁	10	11	10	13	11	11	13	13	14	14
河南	17	18	18	16	17	16	16	15	15	15
重庆	12	9	15	15	15	15	15	16	16	16
吉林	16	16	17	17	16	17	17	18	17	17
河北	23	21	20	20	19	19	19	20	18	18
江西	26	24	24	22	22	21	21	21	19	19
黑龙江	20	20	21	18	18	20	20	19	20	20
甘肃	18	17	19	19	21	22	22	22	21	21
云南	25	25	25	25	23	23	25	25	23	22
广西	24	23	22	21	20	18	18	23	22	23
海南	19	22	16	23	26	25	23	17	24	24
山西	21	19	23	24	24	24	24	24	25	25
内蒙古	29	27	29	28	29	26	27	29	27	26
贵州	22	28	28	27	27	27	26	26	26	27
新疆	28	29	27	29	28	29	28	28	28	28
青海	30	30	30	30	30	30	30	30	30	29
宁夏	27	26	26	26	25	28	29	27	29	30

居前 10 位，广东区域创新能力指数以 11.59% 的年均增速居第 3 位。但是，上海区域创新能力指数年均增速居第 13 位，山东、北京、天津和海南均低于 30 个省区市平均值年均增速，分别居第 16 位、第 19 位、第 22 位和第 29 位。二是中部省份区域创新能力指数增速整体较快。江西、安徽、河南、湖南 4 个中部省份区域创新能力指数年均增速高于 30 个省区市平均值年均增速。其中，江西区域创新能力指数以 11.63% 的年均增速居第 2 位。三是西部省区市和东北省份区域创新能力指数年均增速相对缓慢。云南、广西、

重庆、新疆、陕西、宁夏、甘肃和贵州 8 个西部省区市区域创新能力指数年均增速均低于 30 个省区市平均值年均增速。黑龙江、辽宁和吉林 3 个东北省份的区域创新能力指数年均增速分别为 7.90%、5.99% 和 5.48%，其中辽宁和吉林均低于 30 个省区市平均值年均增速（图 4-2）。

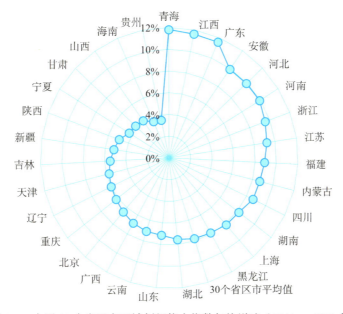

图 4-2　中国 30 个省区市区域创新能力指数年均增速（2011～2020 年）

第二节　中国区域创新实力指数演进

　　区域创新实力指数是构成区域创新能力指数的 2 项一级指数之一，由区域创新投入实力指数、区域创新条件实力指数、区域创新产出实力指数和区域创新影响实力指数 4 项二级指数，以及 16 项三级指标表征，反映了区域创新活动的规模。

　　2011～2020 年，中国 30 个省区市区域创新实力指数均实现不同程度的增长，区域创新实力指数平均值由 4.08 增长至 9.72，部分东部省市和中部省份具有较强的区域创新实力。2020 年，广东、江苏、北京、浙江、山东、上海 6 个东部省市区域创新实力指数高于 30 个省区市平均值，居前 6 位。其中，广东和江苏 2 个东部省份区域创新实力指数大幅增长，分别达到 45.27 和 37.06，远远领先其他省区市；北京、浙江、山东、上海 4 个东部省市区域创新实力指数紧随其后。湖北、安徽和四川 3 个中西部省份区域创新实力指数高于 30 个省区市平均值，其余 21 个省区市区域创新实力指数低于 30 个省区市平均值（图 4-3）。

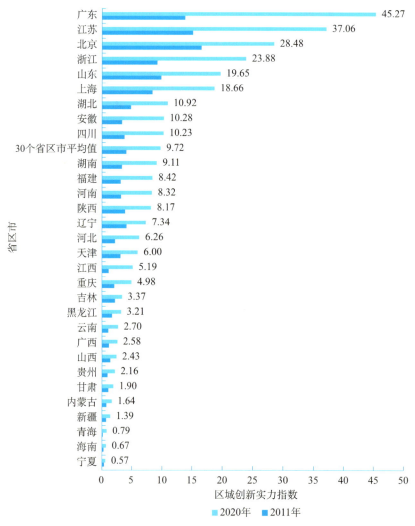

图 4-3 中国 30 个省区市区域创新实力指数演进（2011 年、2020 年）

注：图中数值为 2020 年区域创新实力指数值

从区域创新实力指数年均增速来看，2011～2020 年，中国区域创新实力演进呈现两个特点。一是中西部省区市区域创新实力快速提升。青海、江西、安徽、湖南、四川和河南等中西部省份区域创新实力指数年均增速较快，居前 10 位。其中，青海区域创新实力指数年均增速以 21.15% 居第 1 位，共有 8 个中西部省市区域创新实力指数年均增速超过 30 个省区市平均值年均增速。二是部分东部省份区域创新实力增长势头强劲。广东、河北、福建、浙江、江苏和海南等东部省份区域创新实力指数年均增速高于 30 个省区市平均值年均增速，实现了在区域创新实力指数基数较大情况下的快速增长（图4-4）。

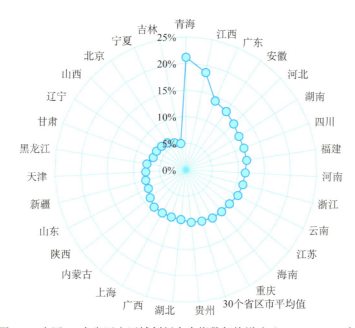

图 4-4　中国 30 个省区市区域创新实力指数年均增速（2011～2020 年）

一、中国区域创新投入实力指数演进

区域创新投入实力指数用以测度区域创新投入规模的大小，由 R&D 人员全时当量、R&D 经费支出和科技企业孵化器当年获风险投资额 3 项三级指标构成。

2011～2020 年，中国大部分省区市区域创新投入实力指数均实现不同程度的增长，区域创新投入实力指数平均值由 4.57 增长至 10.77，部分东部省市和中部省份区域创新投入实力指数增速较快。2020 年，广东和江苏区域创新投入实力指数排名居前 2 位，分别为 53.55 和 47.42，远高于其他省区市；北京、浙江、上海和山东 4 个东部省市区域创新投入实力指数高于 30 个省区市平均值。四川区域创新投入实力指数高于 30 个省区市平均值，其余省区市区域创新投入实力指数低于 30 个省区市平均值，其中安徽、贵州和重庆等中西部省市区域创新投入实力指数增长较快（图 4-5）。

图 4-5　中国 30 个省区市区域创新投入实力指数演进（2011 年、2020 年）

注：图中数值为 2020 年区域创新投入实力指数值

从区域创新投入实力指数年均增速来看，2011～2020年，中国区域创新投入实力演进呈现三个特点。一是部分东部省市区域创新投入实力表现较好。江苏、浙江、广东和福建区域创新投入实力指数年均增速居前10位，保持较高的增速水平。二是中西部省区市区域创新投入实力指数年均增速显著。江西、重庆、四川、安徽、贵州和云南区域创新投入实力指数年均增速排名居前10位，年均增速分别为16.63%、14.47%、14.08%、13.88%、13.78%和11.94%。三是东北省份区域创新投入实力指数年均增速较缓，辽宁、吉林和黑龙江区域创新投入实力指数年均增速分别为4.28%、2.98%和-0.19%（图4-6）。

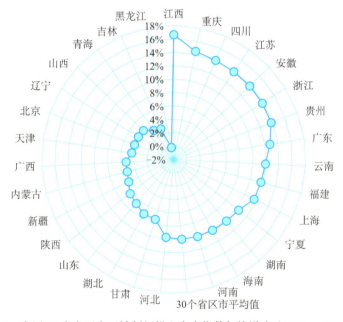

图4-6　中国30个省区市区域创新投入实力指数年均增速（2011～2020年）

二、中国区域创新条件实力指数演进

区域创新条件实力指数用来测度区域创新基础条件的优劣，由有效发明专利数、重大科技基础设施和平台数、研究试验平台数量、产业创新平台数量、创新服务平台数量和检验检测平台数量6项三级指标表征。

2011～2020年，中国30个省区市区域创新条件实力指数均实现了不同程度的增长，区域创新条件实力指数平均值由5.07增长至10.41。大部分东部省市具有雄厚的区域创新条件实力，2020 年北京、广东、江苏、上海、浙江、山东 6 个东部省市区域创新条件实力指数超过 30 个省区市平均值，且排名居前 6 位。其中，北京区域创新条件实力指数为 49.22，领先于其他省区市。湖北是唯一的区域创新条件实力指数超过 30 个省区市平均值的中西部省份，排名居第 7 位。西部省区青海、宁夏、内蒙古、新疆、贵州、广西和甘肃，东部省份海南和中部省份山西、江西区域创新条件实力相对较弱（图 4-7）。

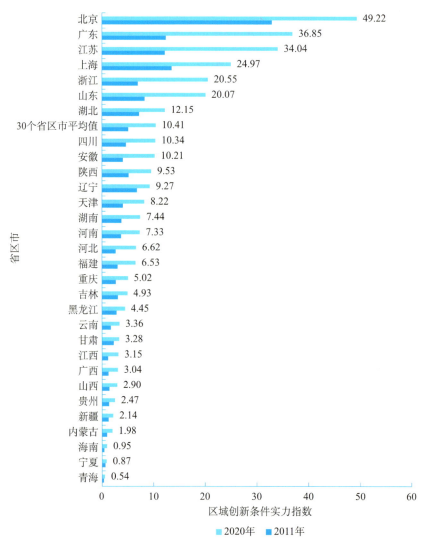

图 4-7　中国 30 个省区市区域创新条件实力指数演进（2011 年、2020 年）

注：图中数值为 2020 年区域创新条件实力指数值

从区域创新条件实力指数年均增速看，2011～2020年，中国区域创新条件实力演进呈现三个特点。一是东部经济发达省市区域创新条件实力指数年均增速较快，广东、浙江和江苏区域创新条件实力指数年均增速分别为12.93%、12.74%和12.12%，居前3位。二是部分中西部省区市区域创新条件实力指数年均增速较快，江西、安徽和广西区域创新条件实力指数年均增速超过30个省区市平均值年均增速且增速在10%以上。三是东北省份区域创新条件实力指数年均增速较慢。辽宁、黑龙江、吉林的区域创新条件实力指数年均增速分别为3.49%、5.34%和5.49%（图4-8）。

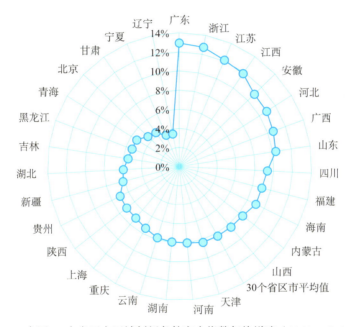

图4-8　中国30个省区市区域创新条件实力指数年均增速（2011～2020年）

三、中国区域创新产出实力指数演进

区域创新产出实力指数用以测度区域创新产出规模的大小，由发明专利申请量、PCT专利申请量、SCI论文数、工业企业形成国家或行业标准数4项三级指标表征。

2011～2020年，中国30个省区市区域创新产出实力指数均实现较快增长，区域创新产出实力指数平均值由4.60增长至8.87，部分东部省市区域创新产出水平遥遥领先。2020 年，广东、江苏、浙江、北京、山东和上海区域创新产出实力指数居前 6 位。其中，广东区域创新产出实力指数以 45.92 居第 1 位，远超其他省区市。安徽、湖北、湖南和四川 4 个中西部省份的区域创新产出实力指数高于 30 个省区市平均值，处于中上游水平。其中安徽从 4.47 上升至 10.58，湖北从 4.85 上升至 9.76，湖南从 3.43 上升至 9.61，四川从 4.66 上升至 8.88（图 4-9）。

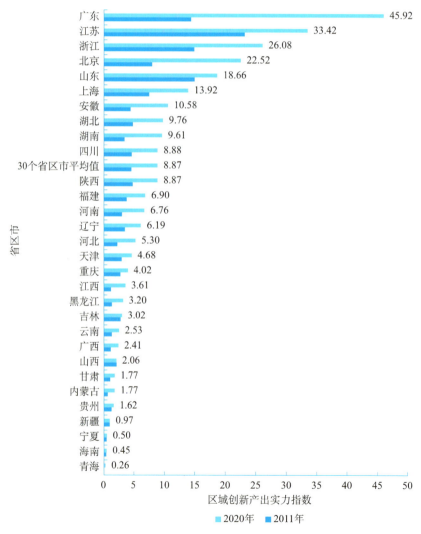

图 4-9　中国 30 个省区市区域创新产出实力指数演进（2011 年、2020 年）

注：图中数值为 2020 年区域创新产出实力指数值

从区域创新产出实力指数年均增速来看，2011～2020 年，中国区域创新产出实力演进呈现三个特点。一是中部省份区域创新产出实力指数年均增速总体表现较好。江西、湖南、安徽、河南和湖北 5 个中部省份区域创新产出实力指数年均增速高于 30 个省区市平均值年均增速。二是东部省市区域创新产出实力指数年均增速呈两极分化，广东和北京的区域创新产出实力指数年均增速较快，分别达到 13.78% 和 12.20%。但海南、山东和江苏等省份的区域创新产出实力指数年均增速较慢，在 5% 以下。三是部分西部省区和东北省份区域创新产出实力指数表现较好，青海、内蒙古、黑龙江、广西和云南 5 个省区的区域创新产出实力指数年均增速高于 30 个省区市平均值年均增速（图 4-10）。

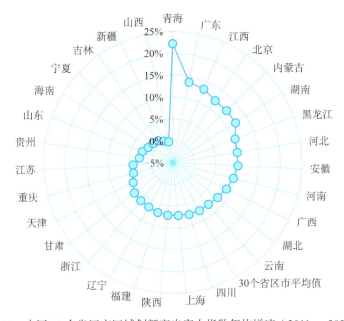

图 4-10　中国 30 个省区市区域创新产出实力指数年均增速（2011～2020 年）

四、中国区域创新影响实力指数演进

区域创新影响实力指数由规模以上工业企业新产品销售收入、产业集群数量、高技术产业利润总额等 3 项三级指标表征。

2011～2020 年，中国 30 个省区市区域创新影响实力指数均实现了不同程度的增长，区域创新影响实力指数平均值由 2.09 增长至 8.83，东部经济发达省市和部分中部省份区域创新影响实力较强。2020 年，广东、江苏、山东、浙江、上海、湖北、福建、安徽、湖南和河南等东部省市和中部省份区域创新影响实力指数超过 30 个省区市平均值，且居前 10 位。其中，广东以 44.78 的区域创新影响实力指数居第 1 位，远超其他省区市。区域创新影响实力指数排名居后 10 位的省区中，除海南、山西外，其他均为西部省区（图 4-11）。

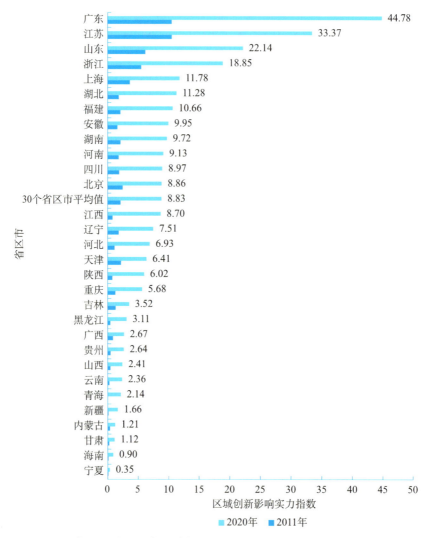

图 4-11　中国 30 个省区市区域创新影响实力指数演进（2011 年、2020 年）

注：图中数值为 2020 年区域创新影响实力指数值

　　从区域创新影响实力指数年均增速来看，2011～2020 年，中国区域创新影响实力演进呈现两个特点。一是部分中西部省区市区域创新影响实力指数年均增速较快。得益于国家产业集群建设，青海区域创新影响实力指数年均增速达到71.86%，在30个省区市中居第1位。新疆、江西、云南和陕西等中西部省区表现也较为突出，区域创新影响实力指数年均增速为25%～35%。二是部分东部、西部和东北地区区域创新影响实力指数表现相对较差。吉林、辽宁2个东北省份，广西、内蒙古和宁夏3个西部省区，天津、江苏、上海、浙江、山东和北京6个东部省市的区域创新影响实力指数年均增速低于30个省区市平均值年均增速（图4-12）。

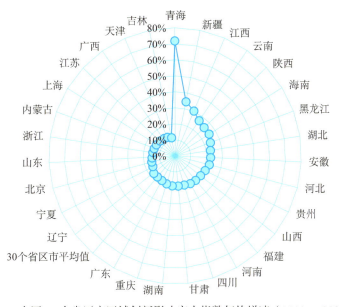

图4-12 中国30个省区市区域创新影响实力指数年均增速（2011～2020年）

第三节 中国区域创新效力指数演进

区域创新效力指数用以测度各区域的创新效率和效益，由区域创新投入效力指数、区域创新条件效力指数、区域创新产出效力指数和区域创新影响效力指数等4项二级指数，以及17项三级指标构成。

2011～2020年，中国30个省区市区域创新效力指数均实现了不同程度的增长，区域创新效力指数平均值由 7.04 增长至 12.12，部分东部省市区域创新效力指数绝对领先，部分中西部省区市表现较好。2020 年，北京、上海、江苏、广东、天津、浙江 6 个东部省市区域创新效力指数居前 6 位。其中，北京区域创新效力指数为 43.32，远高于其他省区市。陕西、安徽和湖北 3 个中西部省份区域创新效力指数高于 30 个省区市平均值。贵州、新疆、青海等多数西部省区市和山西等部分中部省份区域创新效力指数排名靠后（图 4-13）。

图 4-13　中国 30 个省区市区域创新效力指数演进（2011 年、2020 年）

注：图中数值为 2020 年区域创新效力指数值

从区域创新效力指数年均增速来看，2011～2020年，中国区域创新效力演进呈现三个特点。一是区域创新效力指数年均增速普遍较低。除青海年均增速达到11.11%以外，其余省区市年均增速均在10%以下，且有17个省区市年均增速低于30个省区市平均值年均增速。二是中西部省区市区域创新效力指数年均增速呈现两极分化，青海、江西、河南和内蒙古等中西部省区区域创新效力指数年均增速居前4位，贵州、陕西、山西和甘肃等中西部省份区域创新效力指数年均增速居后5位。三是除了海南、天津和山东3个东部省市的区域创新效力指数年均增速低于30个省区市平均值年均增速，其他东部省市区域创新效力指数年均增速高于30个省区市平均值年均增速（图4-14）。

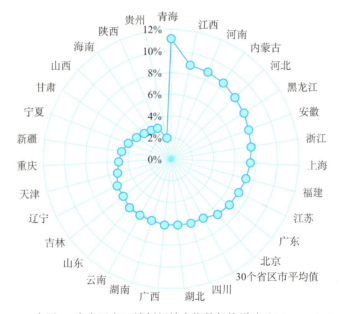

图4-14 中国30个省区市区域创新效力指数年均增速（2011～2020年）

一、中国区域创新投入效力指数演进

区域创新投入效力指数由从业人员中R&D人员比重、R&D经费投入强度和平均每个在孵企业当年获风险投资额3项三级指标表征。

2011～2020年，中国30个省区市区域创新投入效力指数均实现了不同程度的增长，区域创新投入效力指数平均值由8.56增长至12.71。部分东部经济发达省市和部分中西部省区区域创新投入效力指数较高。2020 年，有 13 个省市区域创新投入效力指数高于 30 个省区市平均值，其中包括 8 个东部省市、3 个中部省份、1 个西部省份和 1 个东北省份。其中，北京区域创新投入效力指数达到 47.59，远超其他省区市，上海和广东的区域创新投入效力指数分别为 29.78 和 21.70，居第 2 位和第 3 位。区域创新投入效力指数排名后 10 位的省区包括东部省份海南、中部省份山西和东北省份黑龙江，以及新疆、青海等 7 个西部省区（图 4-15）。

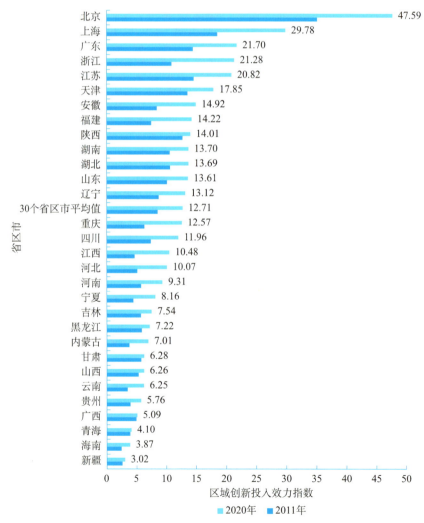

图 4-15　中国 30 个省区市区域创新投入效力指数演进（2011 年、2020 年）

注：图中数值为 2020 年区域创新投入效力指数值

从区域创新投入效力指数年均增速来看，2011～2020年，中国区域创新投入效力演进呈现两个特点。一是大部分省区市区域创新投入效力指数年均增速较为缓慢。30个省区市区域创新投入效力指数年均增速均在10%以下，有15个省区市区域创新投入效力指数年均增速低于30个省区市平均值年均增速，其中天津、山东、北京、江苏等东部省市以及山西、湖北、湖南等中部省份区域创新投入效力指数年均增速排名相对靠后。二是西部省区市区域创新投入效力指数年均增速呈现两极分化。重庆区域创新投入效力指数年均增速达到7.89%，列第2位，而广西、青海和甘肃区域创新投入效力指数年均增速均在1%以下（图4-16）。

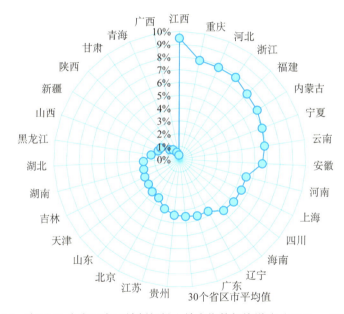

图4-16　中国30个省区市区域创新投入效力指数年均增速（2011～2020年）

二、中国区域创新条件效力指数演进

区域创新条件效力指数由每万人有效发明专利数量、每百万人研究试验平台数量、每百万人产业创新平台数量、每百万人创新服务平台数量、每百万人检测检验平台数量5项三级指标表征。

2011～2020年，中国30个省区市区域创新条件效力指数均实现不同程度的增长，区域创新条件效力指数平均值由3.04增长至6.15，部分东部省市区域创新条件效力指数远高于中西部省区市和东北省份。2020 年，北京、上海、天津、江苏、浙江、广东 6 个东部省市区域创新条件效力指数高于 30 个省区市平均值，且居前 6 位。其中，北京区域创新条件效力指数高达 43.15，远超其他省区市。中西部省区市区域创新条件效力指数普遍相对较差，其中贵州、广西、云南、江西和河南区域创新条件效力指数居后 5 位（图 4-17）。

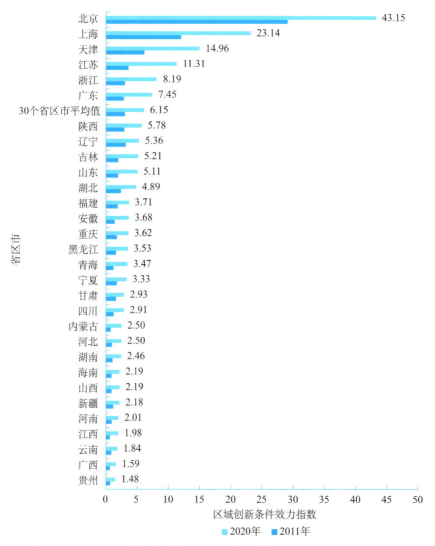

图 4-17　中国 30 个省区市区域创新条件效力指数演进（2011 年、2020 年）

注：图中数值为 2020 年区域创新条件效力指数值

从区域创新条件效力指数年均增速来看，2011～2020 年，中国区域创新条件效力演进呈现两个特点。一是部分中西部省区市和东北省份的区域创新条件效力指数年均增速较快。内蒙古、江西、青海、安徽等中西部省区和吉林等东北省份区域创新条件效力指数年均增速居前 10 位，且年均增速均超过 10%。其中，内蒙古区域创新条件效力指数年均增速达到 13.71%，居第 1 位。二是东部省市区域创新条件效力指数年均增速呈现两极分化，江苏、浙江和山东等区域创新条件效力指数年均增速超过 10%；北京、上海和福建等区域创新条件效力指数年均增速较慢，其中北京仅为 4.49%，排在最后 1 位（图 4-18）。

图 4-18　中国 30 个省区市区域创新条件效力指数年均增速（2011～2020 年）

三、中国区域创新产出效力指数演进

区域创新产出效力指数由单位 R&D 人员发明专利申请量、单位 R&D 人员 PCT 专利申请量、单位 R&D 人员 SCI 论文数、每万家工业企业形成国家或行业标准数 4 项三级指标表征。

2011～2020 年，除海南、贵州和重庆以外，中国其他省区市区域创新产出效力指数均实现了不同程度的增长，30 个省区市区域创新产出效力指数平均值由 7.86 增长至 12.26。2020 年，有 12 个省区市区域创新产出效力指数高于 30 个省区市平均值。其中，北京以 28.05 的区域创新产出效力指数居第 1 位。部分西部省区和东北省份表现出较高的区域创新产出效力水平。其中，黑龙江区域创新产出效力指数从 2011 年的 5.32 上升至 2020 年的 18.64，排名从第 24 位上升至第 3 位；吉林和辽宁区域创新产出效力指数也均超过了 30 个省区市平均值。陕西、甘肃和新疆等西部省区区域创新产出效力指数超过 30 个省区市平均值，分别为 19.22、16.62 和 12.45（图 4-19）。

图 4-19   中国 30 个省区市区域创新产出效力指数演进（2011 年、2020 年）

注：图中数值为 2020 年区域创新产出效力指数值

从区域创新产出效力指数年均增速来看，2011～2020年，中国区域创新产出效力演进呈现两个特点。一是部分西部省区和东北省份区域创新产出效力呈较快增长态势。青海、内蒙古、黑龙江和广西区域创新产出效力指数年均增速均超过10%，其中青海以22.43%的年均增速列30个省区市的第1位。二是东部省市区域创新产出效力指数呈现两极分化的发展态势。北京、河北区域创新产出效力指数年均增速分别为8.76%和8.35%，列第5位和第6位，海南、江苏和浙江等省份区域创新产出效力指数年均增速较低（图4-20）。

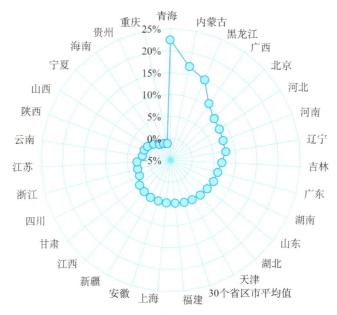

图4-20 中国30个省区市区域创新产出效力指数年均增速（2011～2020年）

四、中国区域创新影响效力指数演进

区域创新影响效力指数由规模以上工业企业新产品销售收入占营业收入比重、人均地区生产总值、单位能耗对应的GDP、单位废水中主要污染物排放量对应的GDP、单位废气中主要污染物排放量对应的GDP5项三级指标表征。

2011～2020年，中国30个省区市区域创新影响效力指数均实现了不同程度的增长，区域创新影响效力指数平均值由8.70增长至17.38，部分东部省市高于中西部省区市和东北省份。2020年，北京、上海、江苏、浙江、广

东、福建、天津 7 个东部省市区域创新影响效力指数排名居前 8 位。其中，
北京以 54.49 居第 1 位，远超其他省区市。西部地区重庆和中部省份安徽、
湖北区域创新影响效力指数居前 10 位，分别为第 6 位、第 9 位和第 10 位。
西部省区新疆、甘肃、宁夏、青海和东北省份黑龙江区域创新影响效力指数
居后 5 位（图 4-21）。

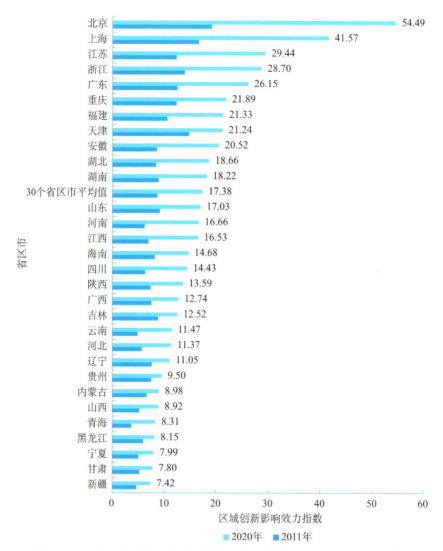

图 4-21   中国 30 个省区市区域创新影响效力指数演进（2011 年、2020 年）

注：图中数值为 2020 年区域创新影响效力指数值

从区域创新影响效力指数年均增速来看，2011～2020年，中国区域创新影响效力演进呈现两个特点。一是东部省市、中部省份和西部省区市区域创新影响效力指数年均增速呈现两极分化。东部省市北京、上海、江苏区域创新影响效力指数年均增速表现较好，均超10%，中部省份河南、安徽和江西区域创新影响效力指数年均增速均在10%以上，西部省份云南、青海和四川区域创新影响效力指数年均增速的表现也较为突出。东部省市天津、海南和山东，中部省份山西，西部省区市贵州、内蒙古、甘肃、宁夏、新疆、广西、重庆、陕西区域创新影响效力指数年均增速均在8%以下，且低于30个省区市平均值年均增速。二是东北省份区域创新影响效力指数年均增速缓慢。辽宁、吉林、黑龙江区域创新影响效力指数年均增速不足5%，排名分别为第25位、第27位和第28位（图4-22）。

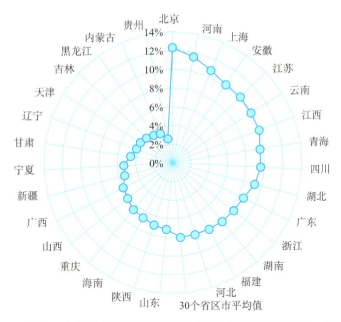

图4-22　中国30个省区市区域创新影响效力指数年均增速（2011～2020年）

第五章

中国区域创新发展格局演进

第一节　中国区域创新发展水平分析

中国 30 个省区市的区域创新发展水平存在较大差异，呈现东部、中部、西部、东北梯次发展格局。2020 年，北京、上海、江苏、浙江、广东、天津、重庆、安徽、福建和山东区域创新发展指数排名居前 10 位，包括 8 个东部省市、1 个中部省份和 1 个西部直辖市。其中，北京区域创新发展指数为 53.62，居第 1 位，远超其他省区市。上海紧随其后，区域创新发展指数为 43.40，居第 2 位。湖北、陕西、海南、河南和湖南区域创新发展指数排名居第 11～15 位，处于中上游水平，包括 3 个中部省份、1 个西部省份和 1 个东部省份。云南、宁夏、辽宁、甘肃、吉林、内蒙古、青海、黑龙江、山西和新疆区域创新发展指数排名居后 10 位，包括 6 个西部省区、3 个东北省份和 1 个中部省份（图 5-1）。

区域创新发展水平与区域经济发展水平总体呈现正相关关系。2020 年，北京、上海、江苏、浙江、广东、天津、重庆、福建和山东 9 个省市人均 GDP 和区域创新发展指数排名均居前 10 位，具有较高的创新发展水平和经济发展水平。对比区域创新发展指数排名和人均 GDP 排名，北京、上海、江苏、山东、陕西和四川 6 个省市人均 GDP 排名和区域创新发展指数排名相当。浙江、广东、重庆、云南和黑龙江区域创新发展指数排名略超前于人均 GDP 排名，天津、湖北、湖南、江西、宁夏和吉林区域创新发展指数排名略滞后于人均 GDP 排名。安徽、海南、河南、贵州、河北、广西和甘肃区域创新发展指数排名远超前于人均 GDP 排名，表明经济发展质量较好。同时，福建、辽宁、内蒙古、青海、山西和新疆区域创新发展指数排名远滞后于人均 GDP 排名，表明这些省区实现创新驱动转型发展的任务依然艰巨（图 5-2）。

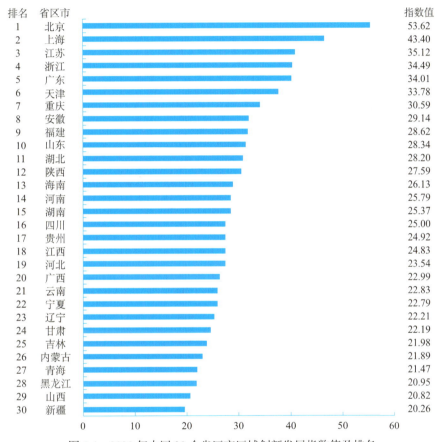

图 5-1　2020 年中国 30 个省区市区域创新发展指数值及排名

图 5-2　中国 30 个省区市区域创新发展指数与区域经济发展水平的关系（2020 年）

第二节　中国区域创新能力分析

中国 30 个省区市区域创新能力存在较大差异，呈现东部、中部、东北和西部梯次发展格局。2020 年，北京、广东、江苏、上海、浙江、山东、湖北、天津、安徽和陕西区域创新能力指数排名居前 10 位，包括 7 个东部省市、2 个中部省份和 1 个西部省份。其中，北京和广东区域创新能力指数分别为 35.90 和 31.31，分别居于第 1 位和第 2 位，高于其他省区市。湖南、四川、福建、辽宁和河南区域创新能力指数排名居第 11～15 位，包括 2 个中部省份、1 个西部省份、1 个东部省份和 1 个东北省份。甘肃、云南、广西、海南、山西、内蒙古、贵州、新疆、青海和宁夏区域创新能力指数排名居后 10 位，包括 8 个西部省区、1 个东部省份和 1 个中部省份（图 5-3）。

区域创新能力与区域经济发展水平总体呈现正相关关系。2020 年，北京、广东、江苏、上海、浙江、山东、湖北和天津 8 个省市人均 GDP 和区域创新发展指数排名均居前 10 位，具有较强的区域创新能力和区域经济发展水平。对比区域创新能力指数排名和人均 GDP 排名，北京、江苏、云南、山西和贵州 5 个省市人均 GDP 和区域创新能力指数排名相当。浙江、湖北、陕西和辽宁区域创新能力指数排名略高于人均 GDP 排名，上海和江西区域创新能力指数排名略低于人均 GDP 排名。广东、山东、安徽、四川、河南、吉林、河北、黑龙江、甘肃和广西区域创新能力指数排名远高于人均 GDP 排名，表现出较强的经济发展潜力。福建、重庆、海南、内蒙古、新疆、青海和宁夏区域创新能力指数排名远低于其人均 GDP 排名，表明这些省区市后续经济增长可能乏力，需要加快区域创新能力建设（图 5-4）。

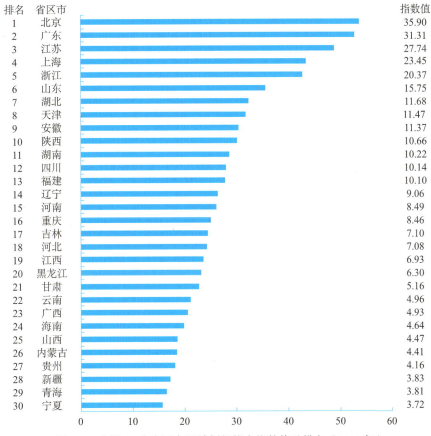

排名	省区市	指数值
1	北京	35.90
2	广东	31.31
3	江苏	27.74
4	上海	23.45
5	浙江	20.37
6	山东	15.75
7	湖北	11.68
8	天津	11.47
9	安徽	11.37
10	陕西	10.66
11	湖南	10.22
12	四川	10.14
13	福建	10.10
14	辽宁	9.06
15	河南	8.49
16	重庆	8.46
17	吉林	7.10
18	河北	7.08
19	江西	6.93
20	黑龙江	6.30
21	甘肃	5.16
22	云南	4.96
23	广西	4.93
24	海南	4.64
25	山西	4.47
26	内蒙古	4.41
27	贵州	4.16
28	新疆	3.83
29	青海	3.81
30	宁夏	3.72

图 5-3 中国 30 个省区市区域创新能力指数值及排名（2020 年）

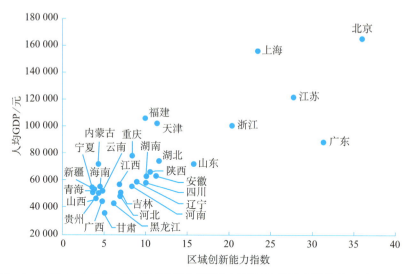

图 5-4　中国 30 个省区市区域创新能力指数与区域经济发展水平的关系（2020 年）

第三节　中国区域创新发展格局分析

分别以区域创新发展指数排名和区域创新能力指数排名为横纵坐标轴绘制中国区域创新发展格局图（图 5-5、图 5-6）。我们将格局图中的对角线称为"均衡发展线"。在"均衡发展线"上，区域创新发展指数和区域创新能力指数排名一致，代表区域创新发展水平和区域创新能力相匹配。综合格局图的显示结果及 2020 年区域创新发展指数和区域创新能力指数排名，可以将中国 30 个省区市分为三个类型，即创新发展领先型、创新发展先进型、创新发展追赶型，其中创新发展追赶型又可分为创新发展追赶 I 型和创新发展追赶 II 型。

创新发展领先型省区市的区域创新发展指数和区域创新能力指数排名均在前 7 位。2011～2020 年，创新发展领先型省区市的格局发生变化，范围缩小。2011 年，创新发展领先型省区市包括北京、上海、江苏、广东、浙江、

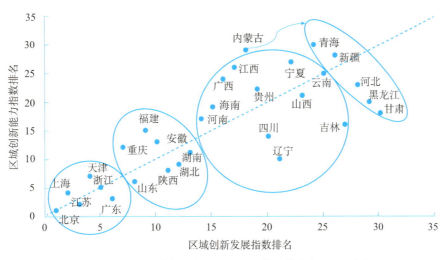

图 5-5　中国区域创新发展格局图（按照排名）（2011 年）

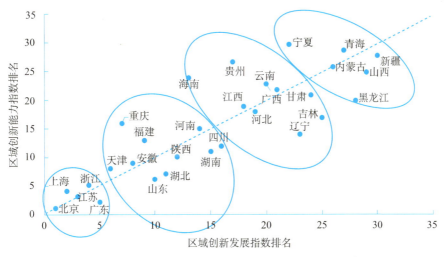

图 5-6　中国区域创新发展格局图（按照排名）（2020 年）

天津 6 个省市。2020 年，创新发展领先型省区市包括北京、上海、江苏、广东、浙江 5 个省市。天津退出创新发展领先型省区市行列，其区域创新发展指数和区域创新能力指数排名分别从第 4 位、第 7 位下降至第 6 位、第 8 位，从创新发展领先型行列跌落至创新发展先进型行列。总体来看，创新发展领先型省市的分布相对稳定，且主要集中在京津冀地区、长三角地区和粤港澳大湾区，是中国区域发展三大战略——京津冀协同发展、长三角一体化和粤港澳大湾区建设的核心区域，在实现中国区域创新、协调发展中发挥着引领带动作用。

创新发展先进型省区市的区域创新发展指数和区域创新能力指数排名均在前 16 位。2011～2020 年，创新发展先进型省区市分布格局发生变化，范围有所扩大。2011 年创新发展先进型省区市包括山东、重庆、陕西、安徽、湖北、湖南、福建 7 个省市。2020 年创新发展先进型省区市包括天津、山东、安徽、湖北、陕西、福建、重庆、湖南、四川、河南 10 个省市。其中，河南和四川从创新发展追赶 I 型省区市行列跃迁入创新发展先进型省区市行列，是新进入创新发展先进型省区市行列的省份。河南区域创新能力指数排名从第 17 位上升至第 15 位，四川区域创新发展指数和区域创新能力指数排名分别从第 20 位、第 14 位上升至第 16 位、第 12 位。安徽、湖北 2 个中部省份从创新发展先进型省区市中游前进至上游，山东从创新发展先进型省区市上游后退至中游。总体来看，创新发展先进型省区市主要是东部和中西部省市中科教资源相对密集、创新基础相对较好的经济较发达的地区，创新能力和创新发展水平较高，处于全国中上游水平。

创新发展追赶 I 型省区市的区域创新发展指数和区域创新能力指数排名均在前 27 位。2011～2020 年，创新发展追赶 I 型省区市格局发生较大变化，范围有所缩小。2011 年创新发展追赶 I 型省区市包括辽宁、河南、四川、海南、吉林、山西、贵州、广西、江西、宁夏、云南 11 个省区。2020 年创新发展追赶 I 型省区市包括辽宁、河北、江西、海南、吉林、广西、云南、贵州、甘肃 9 个省区。其中，2020 年甘肃、河北从创新发展追赶 II 型省区市行列跃迁入创新发展追赶 I 型省区市行列。具体来看，河北区域创新发展指数和区域创新能力指数排名分别从第 28 位、第 23 位上升至第 19 位、第 18 位，甘肃区域创新发展指数排名从第 30 位上升至第 24 位。江西、云南从创新发展追赶 I 型省区市下游前进至中上游。总体来看，创新发展追赶 I 型省区市分布逐步向"均衡发展线"靠拢，创新发展水平和创新能力均有所提高。

创新发展追赶 II 型省区市的区域创新发展指数和区域创新能力指数排名在第 27 位以外。2011～2020 年，创新发展追赶 II 型省区市格局有所调整。2011 年创新发展追赶 II 型省区市包括内蒙古、黑龙江、甘肃、河北、青海、新疆 6 个省区。2020 年创新发展追赶 II 型省区市包括黑龙江、宁夏、内蒙古、山西、青海、新疆 6 个省区。山西、宁夏为新进入创新发展追赶 II 型省区市行列的。总体来看，这些地区经济发展水平相对落后，创新基础设施建设不完善，区域创新发展水平较低。

综合上述分析，中国区域创新发展格局主要呈现以下特点。

一是创新发展领先型省区市"稳立桥头"。2011～2020 年，北京、上海、江苏、浙江和广东 5 个东部省市始终是创新发展领先型省区市，并没有其他省区市跃迁至创新发展领先型行列。创新资源在创新发展领先型省区市聚集，其科技、产业、社会、环境创新发展水平相对较高且较为均衡，是引领中国实现创新发展转型的重要区域创新高地。

二是创新发展先进型省区市发展壮大。2011～2020 年，创新发展先进型省区市的范围由 7 个扩大至 10 个，2020 年包括天津、山东、福建 3 个东部省市，安徽、湖北、湖南、河南 4 个中部省份，陕西、四川、重庆 3 个西部省市。2020 年，除天津、河南、四川为新进入先进型省区市行列外，安徽、湖北也由中游上升至上游。创新发展先进型省区市是我国除创新发展领先型省区市外科技发展水平、产业创新水平、社会服务水平和环境发展水平相对较高的省市，是打造发展新引擎的重要区域。

三是创新发展追赶型省区市进步显著。2011～2020 年，创新发展追赶型省区市范围由 17 个缩小至 15 个，主要集中在中西部省区和东北省份。其中，创新发展追赶 I 型省区市的范围在缩小，创新能力排名进步相对较快，总体向均衡发展线靠拢。河北、江西等省份凭借创新能力的快速提升，跃至创新发展追赶型省区市的上游。创新发展追赶型省区市的科技资源、产业创新能力、社会发展和环境创新水平相对较低，亟须以区域创新体系和能力建设为重点，探索中西部区域创新驱动高质量发展新模式。

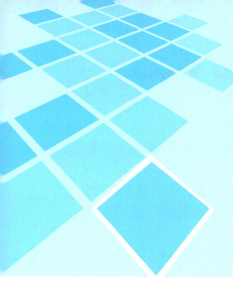

第六章

部分省区市区域创新发展绩效分析

第一节　北　京　市

2020 年，北京市区域创新发展指数在 30 个省区市中居第 1 位，区域创新能力指数居第 1 位，处于创新发展领先型省区市行列。

一、北京市区域创新发展水平演进

2011～2020 年，北京市区域创新发展指数从 34.80 增长至 53.62，年均增速 4.92%；同期，30 个省区市平均值从 20.05 增长至 27.43，年均增速 3.54%。北京市区域创新发展指数高于 30 个省区市平均值，且差距呈扩大趋势，差值从 14.75 扩大到 26.19（图 6-1）。

2011～2020 年，北京市区域创新发展指数排名在 30 个省区市中始终居第 1 位。从一级指数排名来看，北京市区域科学技术发展指数和区域社会创新发展指数始终居第 1 位，区域产业创新发展指数从第 2 位波动上升到第 1 位，区域环境创新发展指数从第 4 位波动上升到第 1 位（表 6-1）。

图 6-1   北京市区域创新发展指数（2011～2020 年）

表 6-1   北京市区域创新发展指数排名（2011～2020 年）

指数	2011 年	2012 年	2013 年	2014 年	2015 年	2016 年	2017 年	2018 年	2019 年	2020 年
区域创新发展指数	1	1	1	1	1	1	1	1	1	1
——区域科学技术发展指数	1	1	1	1	1	1	1	1	1	1
——区域产业创新发展指数	2	4	3	3	2	3	2	1	1	1
——区域社会创新发展指数	1	1	1	1	1	1	1	1	1	1
——区域环境创新发展指数	4	2	1	1	4	1	1	1	1	1

2011～2020 年，北京市区域科学技术发展指数从 28.36 增长至 60.54，年均增速 8.79%；同期，30 个省区市平均值从 4.68 增长至 11.33，年均增速 10.33%[①]。北京市区域科学技术发展指数高于 30 个省区市平均值，且差距呈扩大趋势，差值从 23.69 扩大到 49.21（图 6-2）。

2011～2020 年，北京市区域产业创新发展指数从 24.07 增长至 38.30，年均增速 5.30%；同期，30 个省区市平均值从 14.26 增长至 21.27，年均增速 4.54%。北京市区域产业创新发展指数高于 30 个省区市平均值，且差距呈扩大趋势，差值从 9.81 扩大到 17.03（图 6-3）。

①   因四舍五入原因，计算所得数值有时与实际数值有些微出入，特此说明。下同。

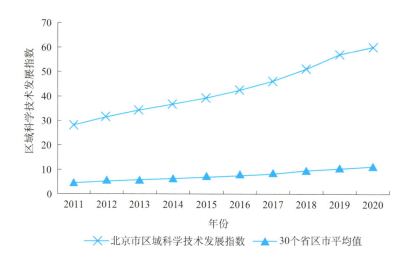

图 6-2　北京市区域科学技术发展指数（2011～2020 年）

图 6-3　北京市区域产业创新发展指数（2011～2020 年）

2011～2020 年，北京市区域社会创新发展指数从 46.05 增长至 48.44，年均增速 0.57%；同期，30 个省区市平均值从 29.76 增长至 37.65，年均增速 2.65%。北京市区域社会创新发展指数高于 30 个省区市平均值，但差距呈缩小趋势，差值从 16.29 缩小到 10.80（图 6-4）。

图 6-4　北京市区域社会创新发展指数（2011～2020 年）

2011～2020 年，北京市区域环境创新发展指数从 40.73 增长至 67.19，年均增速 5.72%；同期，30 个省区市平均值从 31.52 增长至 39.47，年均增速 2.53%。北京市区域环境创新发展指数高于 30 个省区市平均值，且差距呈扩大趋势，差值从 9.21 扩大到 27.72（图 6-5）。

图 6-5　北京市区域环境创新发展指数（2011～2020 年）

二、北京市区域创新能力演进

2011～2020 年，北京市区域创新能力指数从 20.32 增长至 35.90，年均增速 6.53%；同期，30 个省区市平均值从 5.56 增长至 10.92，年均增速 7.79%。北京市区域创新能力指数高于 30 个省区市平均值，且差距呈扩大趋势，差值从 14.76 扩大到 24.98（图 6-6）。

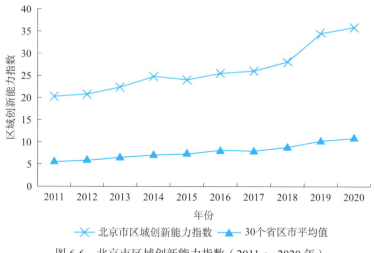

图 6-6　北京市区域创新能力指数（2011～2020 年）

2011～2020 年，北京市区域创新能力指数排名始终居第 1 位。从一级指数排名来看，北京市区域创新实力指数从第 1 位下降到第 3 位，区域创新效力指数始终居第 1 位（表 6-2）。

表 6-2　北京市区域创新能力指数排名（2011～2020 年）

指数	2011 年	2012 年	2013 年	2014 年	2015 年	2016 年	2017 年	2018 年	2019 年	2020 年
区域创新能力指数	1	1	1	1	1	1	1	1	1	1
——区域创新实力指数	1	2	2	2	3	3	3	3	3	3
——区域创新效力指数	1	1	1	1	1	1	1	1	1	1

（一）北京市区域创新实力指数

2011～2020 年，北京市区域创新实力指数从 16.53 增长至 28.48，年均增速 6.23%；同期，30 个省区市平均值从 4.08 增长至 9.72，年均增速 10.11%。北京市区域创新实力指数高于 30 个省区市平均值，且差距呈扩大趋势，差值从 12.44 扩大到 18.75（图 6-7）。

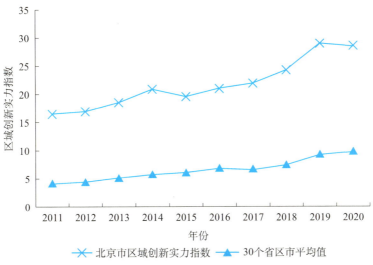

图 6-7　北京市区域创新实力指数（2011～2020 年）

2011～2020 年，北京市区域创新实力指数排名从第 1 位下降到第 3 位。从二级指数排名来看，北京市区域创新投入实力指数从第 1 位下降到第 3 位，区域创新条件实力指数始终居第 1 位，区域创新产出实力指数从第 5 位上升到第 4 位，区域创新影响实力指数从第 6 位下降到第 12 位（表 6-3）。

表 6-3　北京市区域创新实力指数排名（2011～2020 年）

指数	2011 年	2012 年	2013 年	2014 年	2015 年	2016 年	2017 年	2018 年	2019 年	2020 年
区域创新实力指数	1	2	2	2	3	3	3	3	3	3
——区域创新投入实力指数	1	2	2	2	3	3	3	3	3	3
——区域创新条件实力指数	1	1	1	1	1	1	1	1	1	1
——区域创新产出实力指数	5	5	5	5	4	5	4	4	4	4
——区域创新影响实力指数	6	8	10	10	11	11	11	14	8	12

2011～2020 年，北京市区域创新投入实力指数从 22.78 增长至 33.30，年均增速 4.31%；同期，30 个省区市平均值从 4.57 增长至 10.77，年均增速

9.98%。北京市区域创新投入实力指数高于 30 个省区市平均值，且差距呈扩大趋势，差值从 18.21 扩大到 22.53（图 6-8 ）。

图 6-8   北京市区域创新投入实力指数（2011 ～ 2020 年）

2011～2020 年，北京市区域创新条件实力指数从 32.88 增长至 49.22，年均增速 4.59%；同期，30 个省区市平均值从 5.07 增长至 10.41，年均增速 8.32%。北京市区域创新条件实力指数高于 30 个省区市平均值，且差距呈扩大趋势，差值从 27.81 扩大到 38.81（图 6-9 ）。

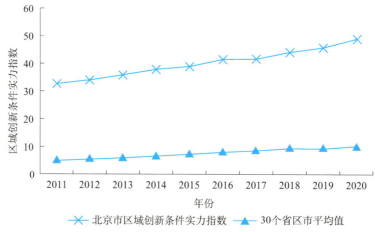

图 6-9   北京市区域创新条件实力指数（2011 ～ 2020 年）

2011～2020 年，北京市区域创新产出实力指数从 7.99 增长至 22.52，年均增速 12.20%；同期，30 个省区市平均值从 4.60 增长至 8.87，年均增速 7.58%。北京市区域创新产出实力指数高于 30 个省区市平均值，且差距呈扩大趋势，差值从 3.39 扩大到 13.64（图 6-10）。

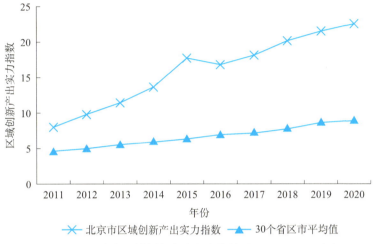

图 6-10　北京市区域创新产出实力指数（2011～2020 年）

2011～2020 年，北京市区域创新影响实力指数从 2.45 增长至 8.86，年均增速 15.33%；同期，30 个省区市平均值从 2.09 增长至 8.83，年均增速 17.35%。2014～2018 年，北京市区域创新影响实力指数低于 30 个省区市平均值，自 2019 年起高于 30 个省区市平均值，但差距较小（图 6-11）。

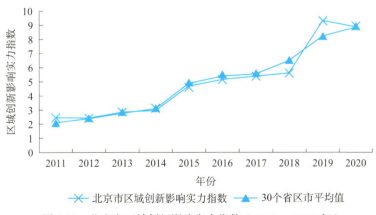

图 6-11　北京市区域创新影响实力指数（2011～2020 年）

（二）北京市区域创新效力指数

2011～2020 年，北京市区域创新效力指数从 24.12 增长至 43.32，年均增速 6.73%；同期，30 个省区市平均值从 7.04 增长至 12.12，年均增速 6.23%。北京市区域创新效力指数高于 30 个省区市平均值，且差距呈扩大趋势，差值从 17.08 扩大到 31.20（图 6-12）。

图 6-12　北京市区域创新效力指数（2011～2020 年）

2011～2020 年，北京市区域创新效力指数排名始终居第 1 位。从二级指数排名来看，北京市区域创新投入效力指数、区域创新条件效力指数和区域创新影响效力指数均始终居第 1 位，区域创新产出效力指数从第 3 位上升到第 1 位（表 6-4）。

表 6-4　北京市区域创新效力指数排名（2011～2020 年）

指数	2011 年	2012 年	2013 年	2014 年	2015 年	2016 年	2017 年	2018 年	2019 年	2020 年
区域创新效力指数	1	1	1	1	1	1	1	1	1	1
——区域创新投入效力指数	1	1	1	1	1	1	1	1	1	1
——区域创新条件效力指数	1	1	1	1	1	1	1	1	1	1

续表

指数	2011 年	2012 年	2013 年	2014 年	2015 年	2016 年	2017 年	2018 年	2019 年	2020 年
——区域创新产出效力指数	3	1	2	1	1	1	1	1	1	1
——区域创新影响效力指数	1	1	1	1	1	1	1	1	1	1

2011～2020 年，北京市区域创新投入效力指数从 35.04 增长至 47.59，年均增速 3.46%；同期，30 个省区市平均值从 8.56 增长至 12.71，年均增速 4.49%。北京市区域创新投入效力指数高于 30 个省区市平均值，且差距呈扩大趋势，差值从 26.48 扩大到 34.89（图 6-13）。

图 6-13　北京市区域创新投入效力指数（2011～2020 年）

2011～2020 年，北京市区域创新条件效力指数从 29.06 增长至 43.15，年均增速 4.49%；同期，30 个省区市平均值从 3.04 增长至 6.15，年均增速 8.14%。北京市区域创新条件效力指数高于 30 个省区市平均值，且差距呈扩大趋势，差值从 26.02 扩大到 37.00（图 6-14）。

2011～2020 年，北京市区域创新产出效力指数从 13.18 增长至 28.05，年均增速 8.76%；同期，30 个省区市平均值从 7.86 增长至 12.26，年均增速 5.06%。北京市区域创新产出效力指数高于 30 个省区市平均值，且差距呈扩大趋势，差值从 5.32 扩大到 15.80（图 6-15）。

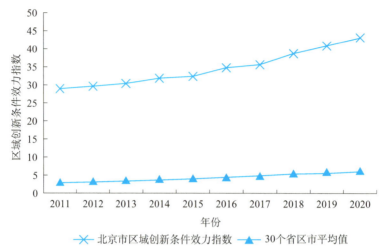

图 6-14　北京市区域创新条件效力指数（2011 ～ 2020 年）

图 6-15　北京市区域创新产出效力指数（2011 ～ 2020 年）

2011～2020 年，北京市区域创新影响效力指数从 19.18 增长至 54.49，年均增速 12.30%；同期，30 个省区市平均值从 8.70 增长至 17.38，年均增速 7.99%。北京市区域创新影响效力指数高于 30 个省区市平均值，且差距呈扩大趋势，差值从 10.48 扩大到 37.11（图 6-16）。

图 6-16　北京市区域创新影响效力指数（2011 ～ 2020 年）

第二节　上　海　市

2020 年，上海市区域创新发展指数在 30 个省区市中居第 2 位，区域创新能力指数居第 4 位，处于创新发展领先型省区市行列。

一、上海市区域创新发展水平演进

2011 ～ 2020 年，上海市区域创新发展指数从 29.93 增长至 43.40，年均增速 4.22%；同期，30 个省区市平均值从 20.05 增长至 27.43，年均增速 3.54%。上海市区域创新发展指数高于 30 个省区市平均值，且差距呈扩大趋势，差值从 9.87 扩大到 15.97（图 6-17）。

2011 ～ 2020 年，上海市区域创新发展指数排名在 30 个省区市中始终居第 2 位。从一级指数排名来看，上海市区域科学技术发展指数始终居第 2 位，区域产业创新发展指数从第 1 位下降到第 2 位，区域社会创新发展指数虽有波动但总体维持在第 2 位，区域环境创新发展指数从第 7 位上升到第 2 位（表 6-5）。

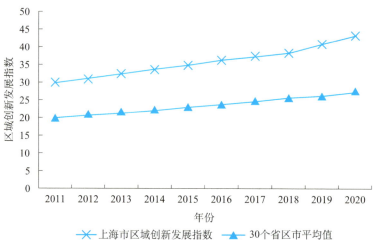

图 6-17　上海市区域创新发展指数（2011 ～ 2020 年）

表 6-5　上海市区域创新发展指数排名（2011 ～ 2020 年）

指数	2011 年	2012 年	2013 年	2014 年	2015 年	2016 年	2017 年	2018 年	2019 年	2020 年
区域创新发展指数	2	2	2	2	2	2	2	2	2	2
——区域科学技术发展指数	2	2	2	2	2	2	2	2	2	2
——区域产业创新发展指数	1	1	1	1	1	1	1	2	2	2
——区域社会创新发展指数	2	2	2	2	2	2	3	3	2	2
——区域环境创新发展指数	7	4	4	2	2	2	2	2	2	2

　　2011 ～ 2020 年，上海市区域科学技术发展指数从 14.66 增长至 29.96，年均增速 8.27%；同期，30 个省区市平均值从 4.68 增长至 11.33，年均增速 10.33%。上海市区域科学技术发展指数高于 30 个省区市平均值，且差距呈扩大趋势，差值从 9.98 扩大到 18.63（图 6-18）。

　　2011 ～ 2020 年，上海市区域产业创新发展指数从 26.29 增长至 34.95，年均增速 3.21%；同期，30 个省区市平均值从 14.26 增长至 21.27，年均增速 4.54%。上海市区域产业创新发展指数高于 30 个省区市平均值，且差距呈扩大趋势，差值从 12.04 扩大到 13.68（图 6-19）。

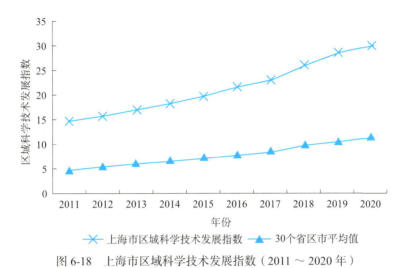

图 6-18　上海市区域科学技术发展指数（2011～2020 年）

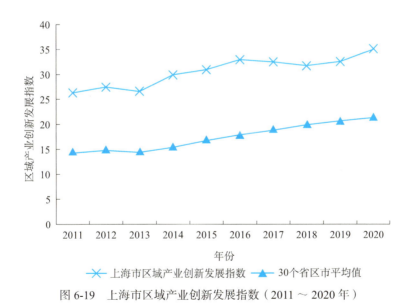

图 6-19　上海市区域产业创新发展指数（2011～2020 年）

　　2011～2020 年，上海市区域社会创新发展指数从 41.40 增长至 45.15，年均增速 0.97%；同期，30 个省区市平均值从 29.76 增长至 37.65，年均增速 2.65%。上海市区域社会创新发展指数高于 30 个省区市平均值，但差距呈缩小趋势，差值从 11.64 缩小到 7.50（图 6-20）。

2011～2020 年，上海市区域环境创新发展指数从 37.35 增长至 63.55，年均增速 6.08%；同期，30 个省区市平均值从 31.52 增长至 39.47，年均增速 2.53%。上海市区域环境创新发展指数高于 30 个省区市平均值，且差距呈扩大趋势，差值从 5.83 扩大到 24.08（图 6-21）。

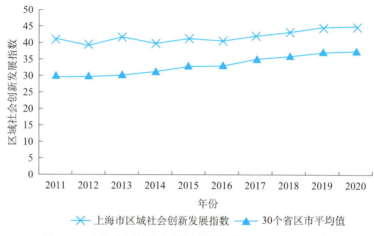

图 6-20　上海市区域社会创新发展指数（2011～2020 年）

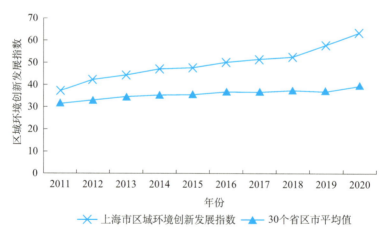

图 6-21　上海市区域环境创新发展指数（2011～2020 年）

二、上海市区域创新能力演进

2011～2020 年，上海市区域创新能力指数从 11.61 增长至 23.45，年均增速 8.13%；同期，30 个省区市平均值从 5.56 增长至 10.92，年均增速 7.79%。上海市区域创新能力指数高于 30 个省区市平均值，且差距呈扩大趋势，差值从 6.05 扩大到 12.53（图 6-22）。

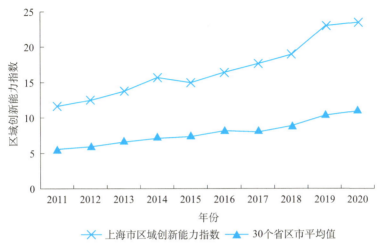

图 6-22　上海市区域创新能力指数（2011～2020 年）

2011～2020 年，上海市区域创新能力指数排名总体稳定在第 4 位。从一级指数排名来看，上海市区域创新实力指数虽有波动但总体维持在第 6 位，区域创新效力指数始终居第 2 位（表 6-6）。

表 6-6　上海市区域创新能力指数排名（2011～2020 年）

指数	2011 年	2012 年	2013 年	2014 年	2015 年	2016 年	2017 年	2018 年	2019 年	2020 年
区域创新能力指数	4	3	4	3	4	4	4	4	4	4
——区域创新实力指数	6	6	6	6	6	6	4	5	5	6
——区域创新效力指数	2	2	2	2	2	2	2	2	2	2

（一）上海市区域创新实力指数

2011～2020 年，上海市区域创新实力指数从 8.40 增长至 18.66，年均增速 9.28%；同期，30 个省区市平均值从 4.08 增长至 9.72，年均增速 10.11%。

上海市区域创新实力指数高于 30 个省区市平均值，且差距呈扩大趋势，差值从 4.31 扩大到 8.94（图 6-23）。

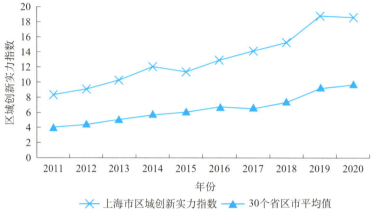

图 6-23　上海市区域创新实力指数（2011 ～ 2020 年）

2011 ～ 2020 年，上海市区域创新实力指数总体维持在第 6 位。从二级指数排名来看，上海市区域创新投入实力指数从第 6 位上升到第 5 位，区域创新条件实力指数从第 2 位下降到第 4 位，区域创新产出实力指数总体维持在第 6 位，区域创新影响实力指数总体维持在第 5 位（表 6-7）。

表 6-7　上海市区域创新实力指数排名（2011 ～ 2020 年）

指数	2011 年	2012 年	2013 年	2014 年	2015 年	2016 年	2017 年	2018 年	2019 年	2020 年
区域创新实力指数	6	6	6	6	6	6	4	5	5	6
——区域创新投入实力指数	6	6	4	4	6	5	4	5	4	5
——区域创新条件实力指数	2	3	4	4	4	4	4	4	4	4
——区域创新产出实力指数	6	6	6	7	7	7	6	6	6	6
——区域创新影响实力指数	5	5	5	5	6	5	5	5	5	5

2011 ～ 2020 年，上海市区域创新投入实力指数从 8.96 增长至 23.97，年均增速 11.55%；同期，30 个省区市平均值从 4.57 增长至 10.77，年均增速

9.98%。上海市区域创新投入实力指数高于 30 个省区市平均值，且差距呈扩大趋势，差值从 4.39 扩大到 13.20（图 6-24）。

图 6-24 上海市区域创新投入实力指数（2011～2020 年）

2011～2020 年，上海市区域创新条件实力指数从 13.48 增长至 24.97，年均增速 7.09%；同期，30 个省区市平均值从 5.07 增长至 10.41，年均增速 8.32%。上海市区域创新条件实力指数高于 30 个省区市平均值，且差距呈扩大趋势，差值从 8.41 扩大到 14.56（图 6-25）。

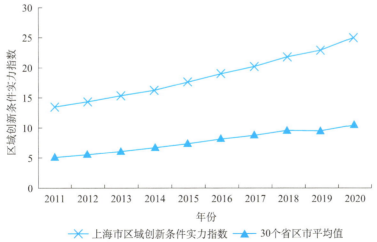

图 6-25 上海市区域创新条件实力指数（2011～2020 年）

2011～2020 年，上海市区域创新产出实力指数从 7.53 增长至 13.92，年均增速 7.06%；同期，30 个省区市平均值从 4.60 增长至 8.87，年均增速 7.58%。上海市区域创新产出实力指数高于 30 个省区市平均值，且差距呈扩大趋势，差值从 2.93 扩大到 5.05（图 6-26）。

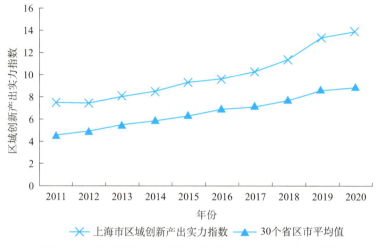

图 6-26　上海市区域创新产出实力指数（2011～2020 年）

2011～2020 年，上海市区域创新影响实力指数从 3.61 增长至 11.78，年均增速 14.03%；同期，30 个省区市平均值从 2.09 增长至 8.83，年均增速 17.35%。上海市区域创新影响实力指数高于 30 个省区市平均值，且差距呈扩大趋势，差值从 1.52 扩大到 2.95（图 6-27）。

图 6-27　上海市区域创新影响实力指数（2011～2020 年）

（二）上海市区域创新效力指数

2011～2020 年，上海市区域创新效力指数从 14.82 增长至 28.25，年均增速 7.43%；同期，30 个省区市平均值从 7.04 增长至 12.12，年均增速 6.23%。上海市区域创新效力指数高于 30 个省区市平均值，且差距呈扩大趋势，差值从 7.78 扩大到 16.12（图 6-28）。

图 6-28　上海市区域创新效力指数（2011 ～ 2020 年）

2011～2020 年，上海市区域创新效力指数排名始终居第 2 位。从二级指数排名来看，上海市区域创新投入效力指数、区域创新条件效力指数和区域创新影响效力指数均始终居第 2 位，区域创新产出效力指数虽有波动但基本维持在第 4 位（表 6-8）。

表 6-8　上海市区域创新效力指数排名（2011 ～ 2020 年）

指数	2011 年	2012 年	2013 年	2014 年	2015 年	2016 年	2017 年	2018 年	2019 年	2020 年
区域创新效力指数	2	2	2	2	2	2	2	2	2	2
——区域创新投入效力指数	2	2	2	2	2	2	2	2	2	2
——区域创新条件效力指数	2	2	2	2	2	2	2	2	2	2
——区域创新产出效力指数	4	6	5	4	2	5	3	4	2	4

续表

指数	2011年	2012年	2013年	2014年	2015年	2016年	2017年	2018年	2019年	2020年
——区域创新影响效力指数	2	2	2	2	2	2	2	2	2	2

2011～2020年，上海市区域创新投入效力指数从18.47增长至29.78，年均增速5.45%；同期，30个省区市平均值从8.56增长至12.71，年均增速4.49%。上海市区域创新投入效力指数高于30个省区市平均值，且差距呈扩大趋势，差值从9.91扩大到17.08（图6-29）。

图6-29 上海市区域创新投入效力指数（2011～2020年）

2011～2020年，上海市区域创新条件效力指数从12.03增长至23.14，年均增速7.54%；同期，30个省区市平均值从3.04增长至6.15，年均增速8.14%。上海市区域创新条件效力指数高于30个省区市平均值，且差距呈扩大趋势，差值从8.99扩大到16.99（图6-30）。

2011～2020年，上海市区域创新产出效力指数从12.16增长至18.48，年均增速4.76%；同期，30个省区市平均值从7.86增长至12.26，年均增速5.06%。上海市区域创新产出效力指数高于30个省区市平均值，且差距呈扩大趋势，差值从4.30扩大到6.23（图6-31）。

2011～2020年，上海市区域创新影响效力指数从16.63增长至41.57，年均增速10.72%；同期，30个省区市平均值从8.70增长至17.38，年均增速7.99%。上海市区域创新影响效力指数高于30个省区市平均值，且差距呈扩大趋势，差值从7.93扩大到24.19（图6-32）。

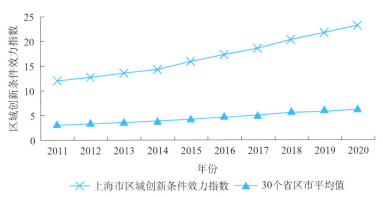

图 6-30　上海市区域创新条件效力指数（2011～2020 年）

图 6-31　上海市区域创新产出效力指数（2011～2020 年）

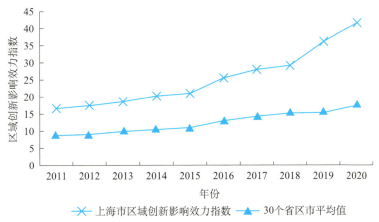

图 6-32　上海市区域创新影响效力指数（2011～2020 年）

第三节 江 苏 省

2020 年，江苏省区域创新发展指数在 30 个省区市中居第 3 位，区域创新能力指数居第 3 位，处于创新发展领先型省区市行列。

一、江苏省区域创新发展水平演进

2011～2020 年，江苏省区域创新发展指数从 26.33 增长至 35.12，年均增速 3.25%；同期，30 个省区市平均值从 20.05 增长至 27.43，年均增速 3.54%。江苏省区域创新发展指数高于 30 个省区市平均值，且差距呈扩大趋势，差值从 6.28 扩大到 7.69（图 6-33）。

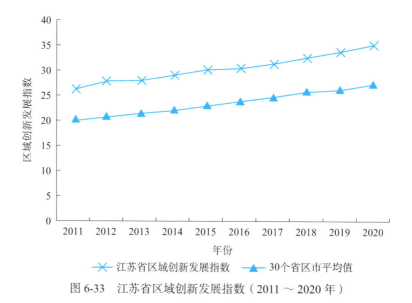

图 6-33 江苏省区域创新发展指数（2011～2020 年）

2011～2020 年，江苏省区域创新发展指数排名虽有波动但总体维持在第 3 位。从一级指数排名来看，江苏省区域科学技术发展指数稳居第 4 位，区域产业创新发展指数从第 4 位下降至第 5 位，区域社会创新发展指数基本稳定在第 5 位，区域环境创新发展指数由第 3 位下降至第 4 位（表 6-9）。

表 6-9 江苏省区域创新发展指数排名（2011～2020 年）

指数	2011 年	2012 年	2013 年	2014 年	2015 年	2016 年	2017 年	2018 年	2019 年	2020 年
区域创新发展指数	3	3	3	3	3	4	6	5	3	3
——区域科学技术发展指数	4	4	4	4	4	4	4	4	4	4
——区域产业创新发展指数	4	2	4	4	4	4	7	6	5	5
——区域社会创新发展指数	5	5	5	5	5	6	5	5	5	5
——区域环境创新发展指数	3	5	5	5	2	5	5	5	4	4

2011～2020 年，江苏省区域科学技术发展指数从 7.61 增长至 18.55，年均增速 10.40%；同期，30 个省区市平均值从 4.68 增长至 11.33，年均增速 10.33%。江苏省区域科学技术发展指数高于 30 个省区市平均值，且差距呈扩大趋势，差值从 2.94 扩大到 7.22（图 6-34）。

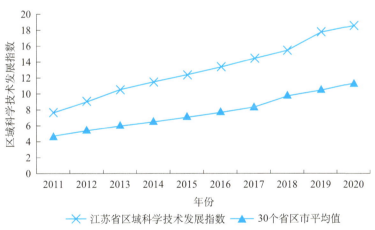

图 6-34 江苏省区域科学技术发展指数（2011～2020 年）

2011～2020 年，江苏省区域产业创新发展指数从 21.62 增长至 29.56，年均增速 3.54%；同期，30 个省区市平均值从 14.26 增长至 21.27，年均增速 4.54%。江苏省区域产业创新发展指数高于 30 个省区市平均值，但差距呈波动变化趋势，2011～2017 年差值波动缩小，从 7.36 缩小到 4.76，2017～2020 年差值又逐渐扩大，从 4.76 扩大至 8.29（图 6-35）。

图 6-35　江苏省区域产业创新发展指数（2011～2020 年）

2011～2020 年，江苏省区域社会创新发展指数从 33.68 增长至 40.76，年均增速 2.14%；同期，30 个省区市平均值从 29.76 增长至 37.65，年均增速 2.65%。江苏省区域社会创新发展指数高于 30 个省区市平均值，差距总体上呈先扩大后缩小的趋势，2011～2015 年差值从 3.93 扩大到 4.91，2015～2020 年差值从 4.91 缩小至 3.11（图 6-36）。

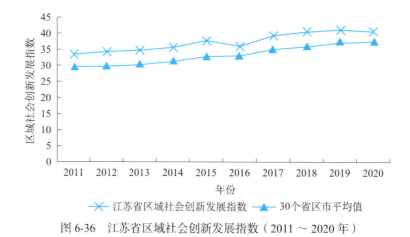

图 6-36　江苏省区域社会创新发展指数（2011～2020 年）

2011～2020 年，江苏省区域环境创新发展指数从 42.41 增长至 51.62，年均增速 2.21%；同期，30 个省区市平均值从 31.52 增长至 39.47，年均增速 2.53%。江苏省区域环境创新发展指数高于 30 个省区市平均值，且差距呈扩大趋势，差值从 10.88 扩大到 12.14（图 6-37）。

图 6-37　江苏省区域环境创新发展指数（2011 ～ 2020 年）

二、江苏省区域创新能力演进

2011 ～ 2020 年，江苏省区域创新能力指数从 12.55 增长至 27.74，年均增速9.21%；同期，30 个省区市平均值从5.56 增长至10.92，年均增速7.79%。江苏省区域创新能力指数高于 30 个省区市平均值，且差距呈扩大趋势，差值从 6.99 扩大到 16.82（图 6-38）。

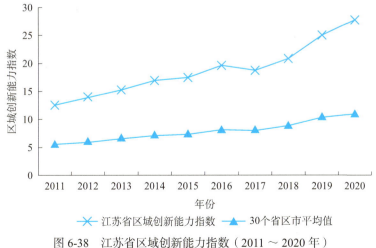

图 6-38　江苏省区域创新能力指数（2011 ～ 2020 年）

2011 ～ 2020 年，江苏省区域创新能力指数排名从第 2 位下降至第 3 位。

从一级指数排名来看，江苏省区域创新实力指数维持在第 1～2 位，区域创新效力指数从第 4 位上升至第 3 位（表 6-10）。

表 6-10　江苏省区域创新能力指数排名（2011～2020 年）

指数	2011 年	2012 年	2013 年	2014 年	2015 年	2016 年	2017 年	2018 年	2019 年	2020 年
区域创新能力指数	2	2	2	2	2	2	3	3	3	3
——区域创新实力指数	2	1	1	1	1	1	2	2	2	2
——区域创新效力指数	4	4	4	4	4	5	5	5	3	3

（一）江苏省区域创新实力指数

2011～2020 年，江苏省区域创新实力指数从 15.12 增长至 37.06，年均增速 10.47%；同期，30 个省区市平均值从 4.08 增长至 9.72，年均增速 10.11%。江苏省区域创新实力指数高于 30 个省区市平均值，且差距呈扩大趋势，差值从 11.04 扩大到 27.34（图 6-39）。

图 6-39　江苏省区域创新实力指数（2011～2020 年）

2011～2020 年，江苏省区域创新实力指数排名维持在第 1～2 位。从二级指数排名来看，江苏省区域创新投入实力指数从第 3 位上升至第 2 位，区域创新条件实力指数从第 4 位上升至第 3 位，区域创新产出实力指数和区域创新影响实力指数均从第 1 位下降至第 2 位（表 6-11）。

表 6-11　江苏省区域创新实力指数排名（2011～2020 年）

指数	2011 年	2012 年	2013 年	2014 年	2015 年	2016 年	2017 年	2018 年	2019 年	2020 年
区域创新实力指数	2	1	1	1	1	1	2	2	2	2
——区域创新投入实力指数	3	3	1	1	1	1	2	2	2	2
——区域创新条件实力指数	4	2	2	2	2	2	2	3	3	3
——区域创新产出实力指数	1	1	1	1	1	2	2	2	2	2
——区域创新影响实力指数	1	1	1	1	1	1	2	2	2	2

2011～2020 年，江苏省区域创新投入实力指数从 14.66 增长至 47.42，年均增速 13.93%；同期，30 个省区市平均值从 4.57 增长至 10.77，年均增速 9.98%。江苏省区域创新投入实力指数高于 30 个省区市平均值，且差距呈扩大趋势，差值从 10.09 扩大到 36.65（图 6-40）。

图 6-40　江苏省区域创新投入实力指数（2011～2020 年）

2011～2020 年，江苏省区域创新条件实力指数从 12.16 增长至 34.04，年均增速 12.12%；同期，30 个省区市平均值从 5.07 增长至 10.41，年均增速 8.32%。江苏省区域创新条件实力指数高于 30 个省区市平均值，且差距呈扩大趋势，差值从 7.09 扩大到 23.62（图 6-41）。

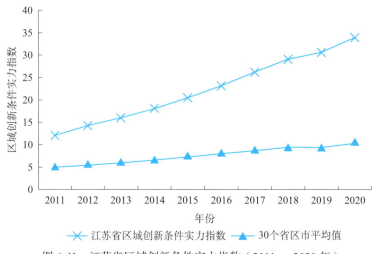

图 6-41　江苏省区域创新条件实力指数（2011 ～ 2020 年）

2011 ～ 2020 年，江苏省区域创新产出实力指数从 23.16 增长至 33.42，年均增速 4.16%；同期，30 个省区市平均值从 4.60 增长至 8.87，年均增速 7.58%。江苏省区域创新产出实力指数高于 30 个省区市平均值，且差距呈扩大趋势，差值从 18.56 扩大到 24.55（图 6-42）。

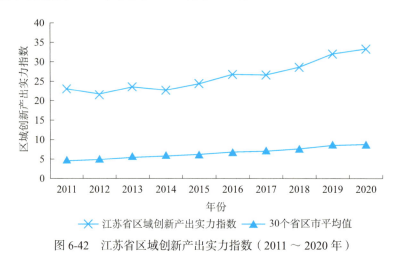

图 6-42　江苏省区域创新产出实力指数（2011 ～ 2020 年）

2011 ～ 2020 年，江苏省区域创新影响实力指数从 10.50 增长至 33.37，年均增速 13.71%；同期，30 个省区市平均值从 2.09 增长至 8.83，年均增速 17.35%。江苏省区域创新影响实力指数高于 30 个省区市平均值，且差距呈扩大趋势，差值从 8.41 扩大到 24.55（图 6-43）。

图 6-43 江苏省区域创新影响实力指数（2011～2020 年）

（二）江苏省区域创新效力指数

2011～2020 年，江苏省区域创新效力指数从 9.98 增长至 18.42，年均增速 7.04%；同期，30 个省区市平均值从 7.04 增长至 12.12，年均增速 6.23%。江苏省区域创新效力指数高于 30 个省区市平均值，且差距呈扩大趋势，差值从 2.94 扩大到 6.29（图 6-44）。

图 6-44 江苏省区域创新效力指数（2011～2020 年）

2011～2020 年，江苏省区域创新效力指数排名从第 4 位上升至第 3 位。从二级指数排名来看，江苏省区域创新投入效力指数从第 3 位下降至第 5 位，区域创新条件效力指数稳定在第 4 位，区域创新产出效力指数从第 8 位下降至第 13 位，区域创新影响效力指数从第 7 位上升至第 3 位（表 6-12）。

表 6-12　江苏省区域创新效力指数排名（2011～2020 年）

指数	2011 年	2012 年	2013 年	2014 年	2015 年	2016 年	2017 年	2018 年	2019 年	2020 年
区域创新效力指数	4	4	4	4	4	5	5	5	3	3
——区域创新投入效力指数	3	4	5	6	4	4	4	6	5	5
——区域创新条件效力指数	4	4	4	4	4	4	4	4	4	4
——区域创新产出效力指数	8	10	10	12	15	15	14	13	14	13
——区域创新影响效力指数	7	5	5	5	5	5	6	6	4	3

2011～2020 年，江苏省区域创新投入效力指数从 14.56 增长至 20.82，年均增速 4.05%；同期，30 个省区市平均值从 8.56 增长至 12.71，年均增速 4.49%。江苏省区域创新投入效力指数高于 30 个省区市平均值，且差距呈扩大趋势，差值从 6.00 扩大到 8.11（图 6-45）。

图 6-45　江苏省区域创新投入效力指数（2011～2020 年）

2011～2020 年，江苏省区域创新条件效力指数从 3.60 增长至 11.31，年均增速 13.57%；同期，30 个省区市平均值从 3.04 增长至 6.15，年均增速 8.14%。江苏省区域创新条件效力指数高于 30 个省区市平均值，且差距呈扩大趋势，差值从 0.56 扩大到 5.16（图 6-46）。

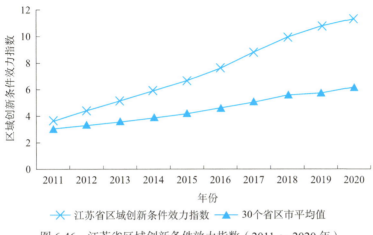

图 6-46　江苏省区域创新条件效力指数（2011～2020 年）

2011～2020 年，江苏省区域创新产出效力指数从 9.44 增长至 12.10，年均增速 2.80%；同期，30 个省区市平均值从 7.86 增长至 12.26，年均增速 5.06%。江苏省区域创新产出效力指数从 2014 年起开始低于 30 个省区市平均值，且差距呈先扩大后缩小趋势，2014～2019 年差值从 0.24 扩大到 0.60，2020 年回落至 0.16（图 6-47）。

图 6-47　江苏省区域创新产出效力指数（2011～2020 年）

2011～2020 年，江苏省区域创新影响效力指数从 12.32 增长至 29.44，年均增速 10.16%；同期，30 个省区市平均值从 8.70 增长至 17.38，年均增速 7.99%。江苏省区域创新影响效力指数高于 30 个省区市平均值，且差距呈扩大趋势，差值从 3.63 扩大到 12.06（图 6-48）。

图 6-48   江苏省区域创新影响效力指数（2011～2020 年）

第四节   浙　江　省

2020 年，浙江省区域创新发展指数在 30 个省区市中居第 4 位，区域创新能力指数居第 5 位，处于创新发展领先型省区市行列。

一、浙江省区域创新发展水平演进

2011～2020 年，浙江省区域创新发展指数从 26.18 增长至 34.49，年均增速 3.11%；同期，30 个省区市平均值从 20.05 增长至 27.43，年均增速 3.54%。浙江省区域创新发展指数高于 30 个省区市平均值，且差距呈扩大趋势，差值从 6.12 扩大到 7.06（图 6-49）。

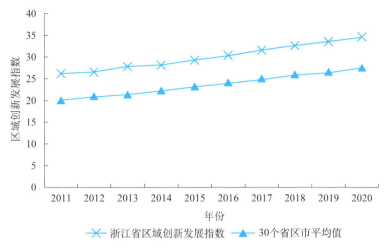

图 6-49　浙江省区域创新发展指数（2011～2020 年）

　　2011～2020 年，浙江省区域创新发展指数排名从第 5 位上升至第 4 位。从一级指数排名来看，浙江省区域科学技术发展指数从第 5 位下降至第 6 位，区域产业创新发展指数从第 8 位上升至第 7 位，区域社会创新发展指数基本保持在第 3 位，区域环境创新发展指数从第 2 位下降至第 3 位（表 6-13）。

表 6-13　浙江省区域创新发展指数排名（2011～2020 年）

指数	2011 年	2012 年	2013 年	2014 年	2015 年	2016 年	2017 年	2018 年	2019 年	2020 年
区域创新发展指数	5	5	5	5	5	5	5	6	5	4
——区域科学技术发展指数	5	5	5	5	5	5	5	5	5	6
——区域产业创新发展指数	8	10	7	7	7	7	6	7	6	7
——区域社会创新发展指数	3	3	3	3	3	3	4	4	4	3
——区域环境创新发展指数	2	3	3	4	3	4	4	4	3	3

　　2011～2020 年，浙江省区域科学技术发展指数从 7.23 增长至 17.74，年均增速 10.49%；同期，30 个省区市平均值从 4.68 增长至 11.33，年均增速 10.33%。浙江省区域科学技术发展指数高于 30 个省区市平均值，且差距呈扩大趋势，差值从 2.55 扩大到 6.41（图 6-50）。

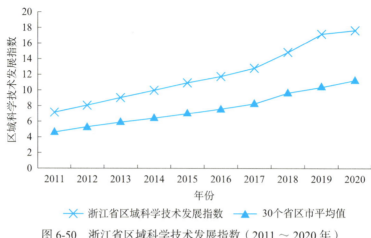

图 6-50 浙江省区域科学技术发展指数（2011 ~ 2020 年）

2011 ~ 2020 年，浙江省区域产业创新发展指数从 15.84 增长至 25.64，年均增速 5.50%；同期，30 个省区市平均值从 14.26 增长至 21.27，年均增速 4.54%。浙江省区域产业创新发展指数高于 30 个省区市平均值，差距总体呈扩大趋势，差值从 1.58 扩大到 4.37（图 6-51）。

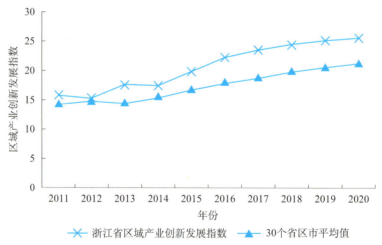

图 6-51 浙江省区域产业创新发展指数（2011 ~ 2020 年）

2011 ~ 2020 年，浙江省区域社会创新发展指数从 39.06 增长至 41.83，年均增速 0.76%；同期，30 个省区市平均值从 29.76 增长至 37.65，年均增速 2.65%。浙江省区域社会创新发展指数高于 30 个省区市平均值，且差距总体呈缩小趋势，差值从 9.30 缩小到 4.19（图 6-52）。

图 6-52　浙江省区域社会创新发展指数（2011～2020 年）

2011～2020 年，浙江省区域环境创新发展指数从 42.59 增长至 52.73，年均增速 2.40%；同期，30 个省区市平均值从 31.52 增长至 39.47，年均增速 2.53%。浙江省区域环境创新发展指数高于 30 个省区市平均值，且差距呈扩大趋势，差值从 11.06 扩大到 13.26（图 6-53）。

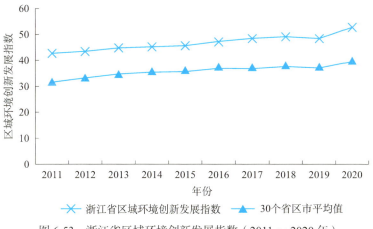

图 6-53　浙江省区域环境创新发展指数（2011～2020 年）

二、浙江省区域创新能力演进

2011～2020 年，浙江省区域创新能力指数从 8.97 增长至 20.37，年均增速 9.54%；同期，30 个省区市平均值从 5.56 增长至 10.92，年均增速 7.79%。

浙江省区域创新能力指数高于 30 个省区市平均值，且差距呈扩大趋势，差值从 3.41 扩大到 9.45（图 6-54）。

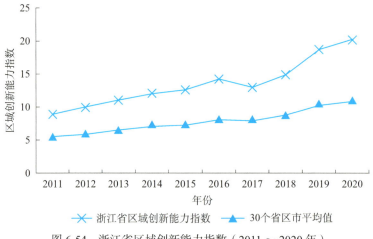

图 6-54　浙江省区域创新能力指数（2011～2020 年）

2011～2020 年，浙江省区域创新能力指数排名稳定在第 5 位。从一级指数排名来看，浙江省区域创新实力指数从第 5 位上升至第 4 位，区域创新效力指数从第 7 位上升至第 6 位（表 6-14）。

表 6-14　浙江省区域创新能力指数排名（2011～2020 年）

指数	2011 年	2012 年	2013 年	2014 年	2015 年	2016 年	2017 年	2018 年	2019 年	2020 年
区域创新能力指数	5	5	5	5	5	5	5	5	5	5
——区域创新实力指数	5	5	5	5	5	5	6	4	4	4
——区域创新效力指数	7	6	6	7	5	6	6	6	6	6

（一）浙江省区域创新实力指数

2011～2020 年，浙江省区域创新实力指数从 9.20 增长至 23.88，年均增速 11.18%；同期，30 个省区市平均值从 4.08 增长至 9.72，年均增速 10.11%。浙江省区域创新实力指数高于 30 个省区市平均值，且差距呈扩大趋势，差值从 5.12 扩大到 14.16（图 6-55）。

图 6-55　浙江省区域创新实力指数（2011～2020 年）

2011～2020 年，浙江省区域创新实力指数排名从第 5 位上升至第 4 位。从二级指数排名来看，浙江省区域创新投入实力指数总体在第 4～5 位，区域创新条件实力指数从第 7 位上升至第 5 位，区域创新产出实力指数从第 3 位下降至第 4 位，区域创新影响实力指数稳定在第 4 位（表 6-15）。

表 6-15　浙江省区域创新实力指数排名（2011～2020 年）

指数	2011 年	2012 年	2013 年	2014 年	2015 年	2016 年	2017 年	2018 年	2019 年	2020 年
区域创新实力指数	5	5	5	5	5	5	6	4	4	4
——区域创新投入实力指数	5	5	6	5	5	4	5	4	5	4
——区域创新条件实力指数	7	6	6	6	6	6	6	6	6	5
——区域创新产出实力指数	3	2	2	3	3	3	3	3	3	4
——区域创新影响实力指数	4	4	4	4	4	4	4	4	4	4

2011～2020 年，浙江省区域创新投入实力指数从 9.38 增长至 30.06，年均增速 13.82%；同期，30 个省区市平均值从 4.57 增长至 10.77，年均增速 9.98%。浙江省区域创新投入实力指数高于 30 个省区市平均值，且差距呈扩大趋势，差值从 4.80 扩大到 19.29（图 6-56）。

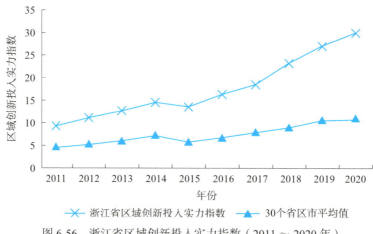

图 6-56　浙江省区域创新投入实力指数（2011～2020 年）

2011～2020 年，浙江省区域创新条件实力指数从 6.98 增长至 20.55，年均增速 12.74%；同期，30 个省区市平均值从 5.07 增长至 10.41，年均增速 8.32%。浙江省区域创新条件实力指数高于 30 个省区市平均值，且差距呈扩大趋势，差值从 1.91 扩大到 10.13（图 6-57）。

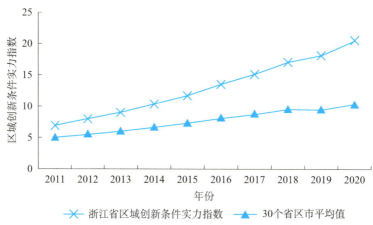

图 6-57　浙江省区域创新条件实力指数（2011～2020 年）

2011～2020 年，浙江省区域创新产出实力指数从 14.91 增长至 26.08，年均增速 6.41%；同期，30 个省区市平均值从 4.60 增长至 8.87，年均增速 7.58%。浙江省区域创新产出实力指数高于 30 个省区市平均值，且差距呈扩大趋势，差值从 10.31 扩大到 17.20（图 6-58）。

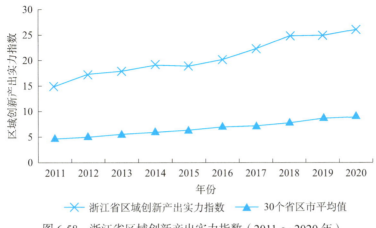

图 6-58　浙江省区域创新产出实力指数（2011 ～ 2020 年）

2011 ～ 2020 年，浙江省区域创新影响实力指数从 5.53 增长至 18.85，年均增速 14.60%；同期，30 个省区市平均值从 2.09 增长至 8.83，年均增速 17.35%。浙江省区域创新影响实力指数高于 30 个省区市平均值，且差距呈扩大趋势，差值从 3.44 扩大到 10.02（图 6-59）。

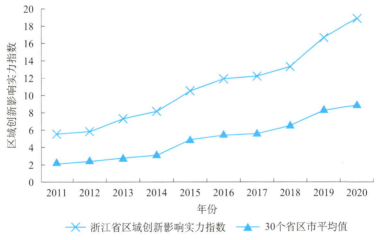

图 6-59　浙江省区域创新影响实力指数（2011 ～ 2020 年）

（二）浙江省区域创新效力指数

2011 ～ 2020 年，浙江省区域创新效力指数从 8.74 增长至 16.86，年均增速 7.57%；同期，30 个省区市平均值从 7.04 增长至 12.12，年均增速 6.23%。

浙江省区域创新效力指数高于 30 个省区市平均值，且差距呈扩大趋势，差值从 1.70 扩大到 4.73（图 6-60）。

图 6-60　浙江省区域创新效力指数（2011～2020 年）

2011～2020 年，浙江省区域创新效力指数排名从第 7 位上升至第 6 位。从二级指数排名来看，浙江省区域创新投入效力指数从第 7 位上升至第 4 位，区域创新条件效力指数从第 6 位上升至第 5 位，区域创新产出效力指数从第 18 位下降至第 23 位，区域创新影响效力指数在第 4 位和第 3 位之间徘徊（表 6-16）。

表 6-16　浙江省区域创新效力指数排名（2011～2020 年）

指数	2011 年	2012 年	2013 年	2014 年	2015 年	2016 年	2017 年	2018 年	2019 年	2020 年
区域创新效力指数	7	6	6	7	5	6	6	6	6	6
——区域创新投入效力指数	7	6	7	7	5	6	6	5	4	4
——区域创新条件效力指数	6	5	5	5	5	5	5	5	5	5
——区域创新产出效力指数	18	13	18	17	22	21	17	19	24	23
——区域创新影响效力指数	4	4	4	4	3	4	4	3	3	4

　　2011～2020 年，浙江省区域创新投入效力指数从 10.82 增长至 21.28，年均增速 7.80%；同期，30 个省区市平均值从 8.56 增长至 12.71，年均增速 4.49%。浙江省区域创新投入效力指数高于 30 个省区市平均值，且差距呈扩大趋势，差值从 2.26 扩大到 8.57（图 6-61）。

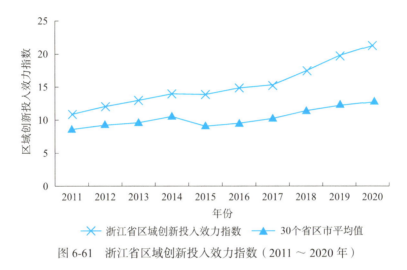

图 6-61　浙江省区域创新投入效力指数（2011～2020 年）

　　2011～2020 年，浙江省区域创新条件效力指数从 3.05 增长至 8.19，年均增速 11.61%；同期，30 个省区市平均值从 3.04 增长至 6.15，年均增速 8.14%。浙江省区域创新条件效力指数高于 30 个省区市平均值，且差距呈扩大趋势，差值从 0.01 扩大到 2.03（图 6-62）。

图 6-62　浙江省区域创新条件效力指数（2011～2020 年）

2011～2020 年，浙江省区域创新产出效力指数从 7.17 增长至 9.26，年均增速 2.88%；同期，30 个省区市平均值从 7.86 增长至 12.26，年均增速 5.06%。浙江省区域创新产出效力指数低于 30 个省区市平均值，且差距总体呈扩大趋势，差值从 0.69 扩大到 3.00（图 6-63）。

图 6-63　浙江省区域创新产出效力指数（2011～2020 年）

2011～2020 年，浙江省区域创新影响效力指数从 13.91 增长至 28.70，年均增速 8.38%；同期，30 个省区市平均值从 8.70 增长至 17.38，年均增速 7.99%。浙江省区域创新影响效力指数高于 30 个省区市平均值，且差距呈扩大趋势，差值从 5.21 扩大到 11.32（图 6-64）。

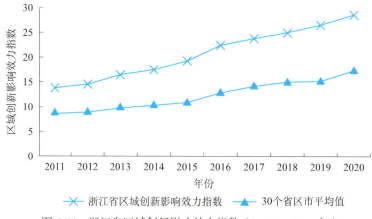

图 6-64　浙江省区域创新影响效力指数（2011～2020 年）

第五节　广　东　省

2020 年，广东省区域创新发展指数排名在 30 个省区市中居第 5 位，区域创新能力指数排名居第 2 位，处于创新发展领先型省区市行列。

一、广东省区域创新发展水平演进

2011～2020 年，广东省区域创新发展指数从 25.29 增长至 34.01，年均增速 3.35%；同期，30 个省区市平均值从 20.05 增长至 27.43，年均增速 3.54%。广东省区域创新发展指数高于 30 个省区市平均值，且差距呈扩大趋势，差值从 5.23 扩大到 6.58（图 6-65）。

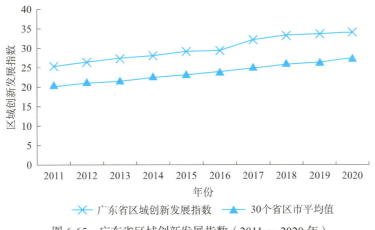

图 6-65　广东省区域创新发展指数（2011～2020 年）

2011～2020 年，广东省区域创新发展指数排名从第 6 位上升至第 5 位。从一级指数排名来看，广东省区域科学技术发展指数从第 6 位下降至第 7 位，区域产业创新发展指数总体稳定在第 3 位，区域社会创新发展指数总体稳定在第 4 位，区域环境创新发展指数从第 8 位上升至第 6 位（表 6-17）。

表 6-17 广东省区域创新发展指数排名（2011～2020 年）

指数	2011 年	2012 年	2013 年	2014 年	2015 年	2016 年	2017 年	2018 年	2019 年	2020 年
区域创新发展指数	6	6	6	6	6	6	4	3	4	5
——区域科学技术发展指数	6	6	7	7	7	8	7	8	7	7
——区域产业创新发展指数	3	3	2	2	6	5	4	3	4	3
——区域社会创新发展指数	4	4	4	4	4	4	2	2	3	4
——区域环境创新发展指数	8	9	10	9	6	6	6	6	6	6

2011～2020 年，广东省区域科学技术发展指数从 6.40 增长至 15.64，年均增速 10.43%；同期，30 个省区市平均值从 4.68 增长至 11.33，年均增速 10.33%。广东省区域科学技术发展指数高于 30 个省区市平均值，且差距呈波动扩大趋势，差值从 1.73 扩大到 4.32（图 6-66）。

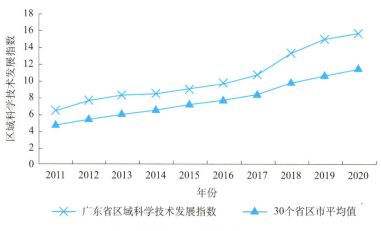

图 6-66 广东省区域科学技术发展指数（2011～2020 年）

2011～2020 年，广东省区域产业创新发展指数从 23.24 增长至 30.73，年均增速 3.15%；同期，30 个省区市平均值从 14.26 增长至 21.27，年均增速 4.54%。广东省区域产业创新发展指数高于 30 个省区市平均值，且差距呈波动扩大趋势，差值从 8.99 扩大到 9.46（图 6-67）。

图 6-67　广东省区域产业创新发展指数（2011～2020 年）

2011～2020 年，广东省区域社会创新发展指数从 34.64 增长至 41.47，年均增速 2.02%；同期，30 个省区市平均值从 29.76 增长至 37.65，年均增速 2.65%。广东省区域社会创新发展指数高于 30 个省区市平均值，但差距呈波动缩小趋势，差值从 4.88 缩小到 3.83（图 6-68）。

图 6-68　广东省区域社会创新发展指数（2011～2020 年）

2011～2020 年，广东省区域环境创新发展指数从 36.87 增长至 48.19，年均增速 3.02%；同期，30 个省区市平均值从 31.52 增长至 39.47，年均增速 2.53%。广东省区域环境创新发展指数高于 30 个省区市平均值，且差距呈波动扩大趋势，差值从 5.34 扩大到 8.72（图 6-69）。

图 6-69　广东省区域环境创新发展指数（2011～2020年）

二、广东省区域创新能力演进

2011～2020 年，广东省区域创新能力指数从 11.67 增长至 31.31，年均增速 11.59%；同期，30 个省区市平均值从 5.56 增长至 10.92，年均增速 7.79%。广东省区域创新能力指数高于 30 个省区市平均值，且差距呈扩大趋势，差值从 6.11 波动扩大到 20.39（图 6-70）。

图 6-70　广东省区域创新能力指数（2011～2020年）

2011～2020 年，广东省区域创新能力指数排名从 30 个省区市中的第 3 位上升至第 2 位。从一级指数排名来看，广东省区域创新实力指数从第 3 位上升至第 1 位，区域创新效力指数从第 6 位上升至第 4 位（表 6-18）。

表 6-18　广东省区域创新能力指数排名（2011 ～ 2020 年）

指数	2011 年	2012 年	2013 年	2014 年	2015 年	2016 年	2017 年	2018 年	2019 年	2020 年
区域创新能力指数	3	4	3	4	3	3	2	2	2	2
——区域创新实力指数	3	3	3	3	2	2	1	1	1	1
——区域创新效力指数	6	5	7	6	6	4	4	4	4	4

（一）广东省区域创新实力指数

2011 ～ 2020 年，广东省区域创新实力指数从 13.84 增长至 45.27，年均增速 14.08%；同期，30 个省区市平均值从 4.08 增长至 9.72，年均增速 10.11%。广东省区域创新实力指数高于 30 个省区市平均值，且差距呈波动扩大趋势，差值从 9.75 扩大到 35.55（图 6-71）。

图 6-71　广东省区域创新实力指数（2011 ～ 2020 年）

2011 ～ 2020 年，广东省区域创新实力指数排名从第 3 位上升至第 1 位。从二级指数排名来看，广东省区域创新投入实力指数从第 2 位上升至第 1 位，区域创新条件实力指数从第 3 位上升至第 2 位，区域创新产出实力指数从第 4 位上升至第 1 位，区域创新影响实力指数从第 2 位上升至第 1 位（表 6-19）。

表 6-19　广东省区域创新实力指数排名（2011 ～ 2020 年）

指数	2011 年	2012 年	2013 年	2014 年	2015 年	2016 年	2017 年	2018 年	2019 年	2020 年
区域创新实力指数	3	3	3	3	2	2	1	1	1	1
——区域创新投入实力指数	2	1	3	3	2	2	1	1	1	1
——区域创新条件实力指数	3	4	3	3	3	3	3	2	2	2
——区域创新产出实力指数	4	4	3	2	2	1	1	1	1	1
——区域创新影响实力指数	2	2	2	2	2	2	1	1	1	1

2011 ～ 2020 年，广东省区域创新投入实力指数从 18.16 增长至 53.55，年均增速 12.76%；同期，30 个省区市平均值从 4.57 增长至 10.77，年均增速 9.98%。广东省区域创新投入实力指数高于 30 个省区市平均值，且差距呈波动扩大趋势，差值从 13.59 扩大到 42.78（图 6-72）。

图 6-72　广东省区域创新投入实力指数（2011 ～ 2020 年）

2011 ～ 2020 年，广东省区域创新条件实力指数从 12.33 增长至 36.85，年均增速 12.93%；同期，30 个省区市平均值从 5.07 增长至 10.41，年均增速 8.32%。广东省区域创新条件实力指数高于 30 个省区市平均值，且差距呈扩大趋势，差值从 7.26 扩大到 26.44（图 6-73）。

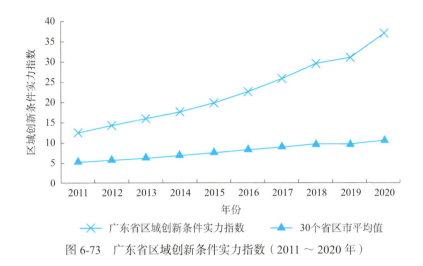

图 6-73　广东省区域创新条件实力指数（2011～2020 年）

　　2011～2020 年，广东省区域创新产出实力指数从 14.37 增长至 45.92，年均增速 13.78%；同期，30 个省区市平均值从 4.60 增长至 8.87，年均增速 7.58%。广东省区域创新产出实力指数高于 30 个省区市平均值，且差距总体呈扩大趋势，差值从 9.77 扩大到 37.05（图 6-74）。

图 6-74　广东省区域创新产出实力指数（2011～2020 年）

　　2011～2020 年，广东省区域创新影响实力指数从 10.49 增长至 44.78，年均增速 17.50%；同期，30 个省区市平均值从 2.09 增长至 8.83，年均增速 17.35%。广东省区域创新影响实力指数高于 30 个省区市平均值，且差距呈扩大趋势，差值从 8.40 扩大到 35.95（图 6-75）。

图 6-75   广东省区域创新影响实力指数（2011～2020 年）

（二）广东省区域创新效力指数

2011～2020 年，广东省区域创新效力指数从 9.51 增长至 17.35，年均增速 6.91%；同期，30 个省区市平均值从 7.04 增长至 12.12，年均增速 6.23%。广东省区域创新效力指数高于 30 个省区市平均值，且差距总体呈扩大趋势，差值从 2.47 扩大到 5.23（图 6-76）。

图 6-76   广东省区域创新效力指数（2011～2020 年）

2011～2020 年，广东省区域创新效力指数排名从第 6 位上升至第 4 位。从二级指数排名来看，广东省区域创新投入效力指数从第 4 位上升至第 3 位，区域创新条件效力指数从第 8 位上升至第 6 位，区域创新产出效力指数从第 12 位波动上升至第 7 位，区域创新影响效力指数维持在第 5～6 位（表 6-20）。

表 6-20　广东省区域创新效力指数排名（2011～2020 年）

指数	2011 年	2012 年	2013 年	2014 年	2015 年	2016 年	2017 年	2018 年	2019 年	2020 年
区域创新效力指数	6	5	7	6	6	4	4	4	4	4
——区域创新投入效力指数	4	3	6	4	6	6	3	4	3	3
——区域创新条件效力指数	8	7	7	7	7	7	6	6	6	6
——区域创新产出效力指数	12	15	12	11	13	4	5	10	8	7
——区域创新影响效力指数	5	6	6	6	6	6	5	5	5	5

2011～2020 年，广东省区域创新投入效力指数从 14.44 增长至 21.70，年均增速 4.63%；同期，30 个省区市平均值从 8.56 增长至 12.71，年均增速 4.49%。广东省区域创新投入效力指数高于 30 个省区市平均值，且差距呈波动扩大趋势，差值从 5.88 扩大到 8.99（图 6-77）。

图 6-77　广东省区域创新投入效力指数（2011～2020 年）

2011～2020 年，广东省区域创新条件效力指数从 2.86 增长至 7.45，年均增速 11.24%；同期，30 个省区市平均值从 3.04 增长至 6.15，年均增速 8.14%。自 2015 年开始，广东省区域创新条件效力指数高于 30 个省区市平均值，且差距呈扩大趋势，差值从 2015 年的 0.04 扩大到 2020 年的 1.29（图 6-78）。

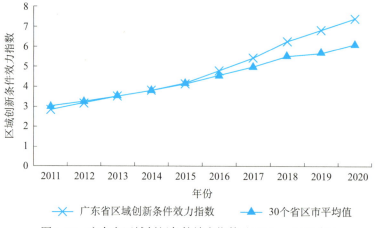

图 6-78　广东省区域创新条件效力指数（2011～2020 年）

2011～2020 年，广东省区域创新产出效力指数从 8.25 波动增长至 14.12，年均增速 6.14%；同期，30 个省区市平均值从 7.86 增长至 12.26，年均增速 5.06%。广东省区域创新产出效力指数除 2012 年、2013 年和 2015 年低于 30 个省区市平均值外，其他年份均高于 30 个省区市平均值，自 2016 年起，差距呈波动缩小趋势，差值从 2016 年的 4.25 缩小到 2020 年的 1.86（图 6-79）。

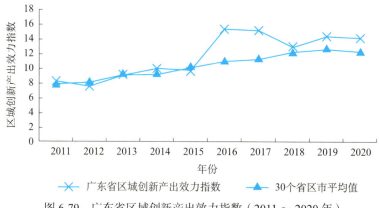

图 6-79　广东省区域创新产出效力指数（2011～2020 年）

2011～2020 年，广东省区域创新影响效力指数从 12.49 增长至 26.15，年均增速 8.55%；同期，30 个省区市平均值从 8.70 增长至 17.38，年均增速 7.99%。广东省区域创新影响效力指数高于 30 个省区市平均值，且差距呈扩大趋势，差值从 3.80 扩大到 8.77（图 6-80）。

图 6-80　广东省区域创新影响效力指数（2011～2020 年）

第六节　安　徽　省

2020 年，安徽省区域创新发展指数在 30 个省区市中居第 8 位，区域创新能力指数居第 9 位，处于创新发展先进型省区市行列。

一、安徽省区域创新发展水平演进

2011～2020 年，安徽省区域创新发展指数从 19.76 增长至 29.14，年均增速 4.41%；同期，30 个省区市平均值从 20.05 增长至 27.43，年均增速 3.54%。安徽省区域创新发展指数从 2014 年开始高于 30 个省区市平均值，且差距呈波动扩大趋势，差值从 0.72 扩大到 1.71（图 6-81）。

图 6-81　安徽省区域创新发展指数（2011 ～ 2020 年）

2011 ～ 2020 年，安徽省区域创新发展指数排名从第 10 位上升至第 8 位。从一级指数排名来看，安徽省区域科学技术发展指数从第 17 位上升至第 14 位，区域产业创新发展指数从第 11 位上升至第 6 位，区域社会创新发展指数从第 24 位上升至第 18 位，区域环境创新发展指数从第 10 位上升至第 9 位（表 6-21）。

表 6-21　安徽省区域创新发展指数排名（2011 ～ 2020 年）

指数	2011 年	2012 年	2013 年	2014 年	2015 年	2016 年	2017 年	2018 年	2019 年	2020 年
区域创新发展指数	10	10	11	10	10	11	10	10	8	8
——区域科学技术发展指数	17	18	16	15	14	16	16	17	15	14
——区域产业创新发展指数	11	14	15	8	10	11	12	12	7	6
——区域社会创新发展指数	24	22	22	17	16	17	19	21	24	18
——区域环境创新发展指数	10	10	9	10	8	8	7	7	7	9

2011 ～ 2020 年，安徽省区域科学技术发展指数从 2.67 增长至 8.97，年均增速 14.44%；同期，30 个省区市平均值从 4.68 增长至 11.33，年均增速

10.33%。安徽省区域科学技术发展指数低于 30 个省区市平均值，差距维持在 2.00 左右（图 6-82）。

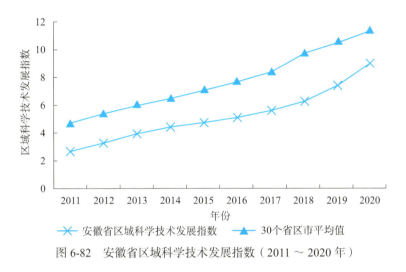

图 6-82 安徽省区域科学技术发展指数（2011～2020 年）

2011～2020 年，安徽省区域产业创新发展指数从 14.03 增长至 25.84，年均增速 7.02%；同期，30 个省区市平均值从 14.26 增长至 21.27，年均增速 4.54%。自 2017 年开始，安徽省区域产业创新发展指数始终高于 30 个省区市平均值，且差距呈扩大趋势，2017～2020 年差值从 0.45 扩大到 4.57（图 6-83）。

图 6-83 安徽省区域产业创新发展指数（2011～2020 年）

2011～2020 年，安徽省区域社会创新发展指数从 26.55 增长至 37.13，年均增速 3.80%；同期，30 个省区市平均值从 29.76 增长至 37.65，年均增速 2.65%。安徽省区域社会创新发展指数低于 30 个省区市平均值，但差距呈缩小趋势，差值从 3.21 缩小到 0.52（图 6-84）。

图 6-84　安徽省区域社会创新发展指数（2011～2020 年）

2011～2020 年，安徽省区域环境创新发展指数从 35.81 增长至 44.61，年均增速 2.47%；同期，30 个省区市平均值从 31.52 增长至 39.47，年均增速 2.53%。安徽省区域环境创新发展指数高于 30 个省区市平均值，且差距呈扩大趋势，差值从 4.29 扩大到 5.14（图 6-85）。

图 6-85　安徽省区域环境创新发展指数（2011～2020 年）

二、安徽省区域创新能力演进

2011～2020 年，安徽省区域创新能力指数从 4.85 增长至 11.37，年均增速 9.93%；同期，30 个省区市平均值从 5.56 增长至 10.92，年均增速 7.79%。安徽省区域创新能力指数在 30 个省区市平均值附近波动，差值从落后 0.71 增长到领先 0.45（图 6-86）。

图 6-86　安徽省区域创新能力指数（2011～2020 年）

2011～2020 年，安徽省区域创新能力指数排名从第 13 位上升至第 9 位。从一级指数排名来看，安徽省区域创新实力指数从第 11 位上升至第 8 位，区域创新效力指数从第 15 位上升至第 8 位（表 6-22）。

表 6-22　安徽省区域创新能力指数排名（2011～2020 年）

指数	2011 年	2012 年	2013 年	2014 年	2015 年	2016 年	2017 年	2018 年	2019 年	2020 年
区域创新能力指数	13	13	11	10	8	9	10	10	10	9
——区域创新实力指数	11	10	10	9	8	8	9	9	9	8
——区域创新效力指数	15	14	14	11	9	8	9	10	11	8

（一）安徽省区域创新实力指数

2011～2020 年，安徽省区域创新实力指数从 3.32 增长至 10.28，年均增速 13.37%；同期，30 个省区市平均值从 4.08 增长至 9.72，年均增速 10.11%。安徽省区域创新实力指数在 30 个省区市平均值附近波动，差距较小（图 6-87）。

图 6-87　安徽省区域创新实力指数（2011 ～ 2020 年）

2011 ～ 2020 年，安徽省区域创新实力指数排名从第 11 位上升至第 8 位。从二级指数排名来看，安徽省区域创新投入实力指数从第 14 位上升至第 9 位，区域创新条件实力指数从第 12 位上升至第 9 位，区域创新产出实力指数从第 10 位上升至第 7 位，区域创新影响实力指数从第 14 位上升至第 8 位（表 6-23）。

表 6-23　安徽省区域创新实力指数排名（2011 ～ 2020 年）

指数	2011 年	2012 年	2013 年	2014 年	2015 年	2016 年	2017 年	2018 年	2019 年	2020 年
区域创新实力指数	11	10	10	9	8	8	9	9	9	8
——区域创新投入实力指数	14	13	14	13	12	11	11	13	11	9
——区域创新条件实力指数	12	12	11	11	11	11	12	12	12	9
——区域创新产出实力指数	10	9	7	6	6	6	7	7	7	7
——区域创新影响实力指数	14	11	12	11	8	8	7	8	9	8

2011～2020 年，安徽省区域创新投入实力指数从 3.22 增长至 10.37，年均增速 13.88%；同期，30 个省区市平均值从 4.57 增长至 10.77，年均增速 9.98%。安徽省区域创新投入实力指数低于 30 个省区市平均值，但差距呈缩小趋势，差值从 1.35 缩减到 0.39（图 6-88）。

图 6-88　安徽省区域创新投入实力指数（2011 ～ 2020 年）

2011～2020 年，安徽省区域创新条件实力指数从 4.00 增长至 10.21，年均增速 10.96%；同期，30 个省区市平均值从 5.07 增长至 10.41，年均增速 8.32%。安徽省区域创新条件实力指数低于 30 个省区市平均值，但差距呈缩小趋势，差值从 1.07 缩减到 0.21（图 6-89）。

图 6-89　安徽省区域创新条件实力指数（2011 ～ 2020 年）

2011～2020 年，安徽省区域创新产出实力指数从 4.47 增长至 10.58，年均增速 10.05%；同期，30 个省区市平均值从 4.60 增长至 8.87，年均增速 7.58%。安徽省区域创新产出实力指数从 2012 年开始高于 30 个省区市平均值，且差距呈扩大趋势，差值从 2012 年的 0.06 扩大到 2020 年的 1.71（图 6-90）。

图 6-90　安徽省区域创新产出实力指数（2011～2020 年）

2011～2020 年，安徽省区域创新影响实力指数从 1.60 增长至 9.95，年均增速 22.51%；同期，30 个省区市平均值从 2.09 增长至 8.83，年均增速 17.35%。安徽省区域创新影响实力指数从 2015 年开始高于 30 个省区市平均值，且差距呈扩大趋势，差值从 2015 年的 0.32 扩大到 2020 年的 1.12（图 6-91）。

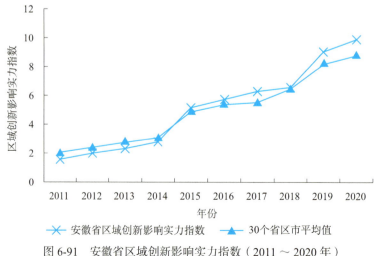

图 6-91　安徽省区域创新影响实力指数（2011～2020 年）

（二）安徽省区域创新效力指数

2011～2020 年，安徽省区域创新效力指数从 6.37 增长至 12.46，年均增速 7.73%；同期，30 个省区市平均值从 7.04 增长至 12.12，年均增速 6.23%。安徽省区域创新效力指数在 30 个省区市平均值附近波动，二者差距较小（图 6-92）。

图 6-92　安徽省区域创新效力指数（2011～2020 年）

2011～2020 年，安徽省区域创新效力指数排名从第 15 位上升至第 8 位。从二级指数排名来看，安徽省区域创新投入效力指数从第 12 位波动上升至第 7 位，区域创新条件效力指数从第 17 位上升至第 13 位，区域创新产出效力指数从第 19 位上升至第 18 位，区域创新影响效力指数从第 12 位上升至第 9 位（表 6-24）。

表 6-24　安徽省区域创新效力指数排名（2011～2020 年）

指数	2011 年	2012 年	2013 年	2014 年	2015 年	2016 年	2017 年	2018 年	2019 年	2020 年
区域创新效力指数	15	14	14	11	9	8	9	10	11	8
——区域创新投入效力指数	12	11	11	11	8	8	8	11	10	7
——区域创新条件效力指数	17	19	18	18	18	18	18	18	17	13
——区域创新产出效力指数	19	18	9	9	8	7	10	8	17	18
——区域创新影响效力指数	12	12	13	12	12	12	12	12	10	9

2011～2020 年，安徽省区域创新投入效力指数从 8.40 增长至 14.92，年均增速 6.59%；同期，30 个省区市平均值从 8.56 增长至 12.71，年均增速 4.49%。安徽省区域创新投入效力指数从 2012 年开始高于 30 个省区市平均值，且差距总体呈扩大趋势，差值从 2012 年的 0.97 扩大到 2020 年的 2.21（图 6-93）。

图 6-93 　 安徽省区域创新投入效力指数（2011～2020 年）

2011～2020 年，安徽省区域创新条件效力指数从 1.41 增长至 3.68，年均增速 11.26%；同期，30 个省区市平均值从 3.04 增长至 6.15，年均增速 8.14%。安徽省区域创新条件效力指数低于 30 个省区市平均值，且差距呈扩大趋势，差值从 1.63 扩大到 2.47（图 6-94）。

图 6-94 　 安徽省区域创新条件效力指数（2011～2020 年）

2011～2020 年，安徽省区域创新产出效力指数从 7.10 增长至 10.73，年均增速 4.69%；同期，30 个省区市平均值从 7.86 增长至 12.26，年均增速 5.06%。安徽省区域创新产出效力指数在 2013～2018 年高于 30 个省区市平均值，在 2019～2020 年低于 30 个省区市平均值，且差距呈扩大趋势，差值从 2019 年的 1.40 扩大到 2020 年的 1.52（图 6-95）。

图 6-95　安徽省区域创新产出效力指数（2011～2020 年）

2011～2020 年，安徽省区域创新影响效力指数从 8.58 增长至 20.52，年均增速 10.17%；同期，30 个省区市平均值从 8.70 增长至 17.38，年均增速 7.99%。安徽省区域创新影响效力指数从 2017 年开始高于 30 个省区市平均值，且差距呈扩大趋势，差值从 2017 年的 0.07 扩大到 2020 年的 3.14（图 6-96）。

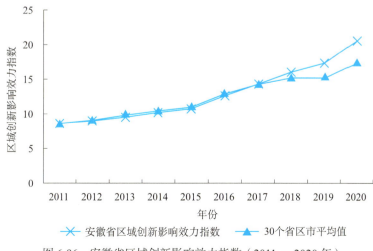

图 6-96　安徽省区域创新影响效力指数（2011～2020 年）

第七节　河　南　省

2020 年，河南省区域创新发展指数在 30 个省区市中居第 14 位，区域创新能力指数居第 15 位，处于创新发展先进型省区市行列。

一、河南省区域创新发展水平演进

2011～2020 年，河南省区域创新发展指数从 18.66 增长至 25.79，年均增速 3.66%；同期，30 个省区市平均值从 20.05 增长至 27.43，年均增速 3.54%。河南省区域创新发展指数低于 30 个省区市平均值，且差距维持在 1.50 左右（图 6-97）。

图 6-97　河南省区域创新发展指数（2011～2020 年）

2011～2020 年，河南省区域创新发展指数排名在第 14～16 位。从一级指数排名来看，河南省区域科学技术发展指数总体稳定在第 22 位，区域产业创新发展指数从第 23 位上升至第 18 位，区域社会创新发展指数从第 21 位上升至第 19 位，区域环境创新发展指数总体稳定在第 11 位（表 6-25）。

表 6-25　河南省区域创新发展指数排名（2011 ～ 2020 年）

指数	2011 年	2012 年	2013 年	2014 年	2015 年	2016 年	2017 年	2018 年	2019 年	2020 年
区域创新发展指数	14	15	15	14	15	15	15	14	16	14
——区域科学技术发展指数	22	22	22	21	21	20	23	24	22	22
——区域产业创新发展指数	23	25	20	23	23	25	23	16	19	18
——区域社会创新发展指数	21	18	25	23	26	25	26	25	20	19
——区域环境创新发展指数	11	11	11	12	11	11	11	11	13	11

2011 ～ 2020 年，河南省区域科学技术发展指数从 2.03 增长至 5.10，年均增速 10.75%；同期，30 个省区市平均值从 4.68 增长至 11.33，年均增速 10.33%。河南省区域科学技术发展指数低于 30 个省区市平均值，且差距呈扩大趋势，差值从 2.64 扩大到 6.23（图 6-98）。

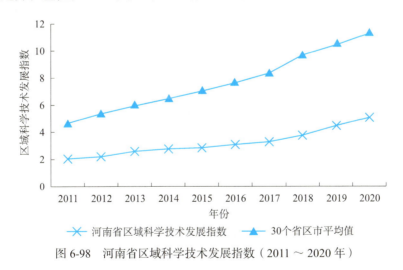

图 6-98　河南省区域科学技术发展指数（2011 ～ 2020 年）

2011 ～ 2020 年，河南省区域产业创新发展指数从 12.03 增长至 19.26，年均增速 5.37%；同期，30 个省区市平均值从 14.26 增长至 21.27，年均增速 4.54%。河南省区域产业创新发展指数低于 30 个省区市平均值，差距大多维持在 2.00 左右（图 6-99）。

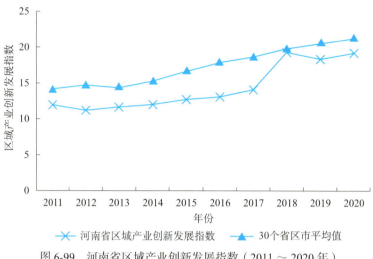

图 6-99   河南省区域产业创新发展指数（2011～2020 年）

2011～2020 年，河南省区域社会创新发展指数从 26.83 增长至 36.81，年均增速 3.58%；同期，30 个省区市平均值从 29.76 增长至 37.65，年均增速 2.65%。河南省区域社会创新发展指数低于 30 个省区市平均值，但差距呈缩小趋势，差值从 2.93 缩减到 0.84（图 6-100）。

图 6-100   河南省区域社会创新发展指数（2011～2020 年）

2011～2020 年，河南省区域环境创新发展指数从 33.74 增长至 41.99，年均增长 2.46%；同期，30 个省区市平均值从 31.52 增长至 39.47，年均增速 2.53%。河南省区域环境创新发展指数高于 30 个省区市平均值，差距大多维持在 2.00 左右（图 6-101）。

图 6-101　河南省区域环境创新发展指数（2011～2020 年）

二、河南省区域创新能力演进

2011～2020 年，河南省区域创新能力指数从 3.62 增长至 8.49，年均增速 9.93%；同期，30 个省区市平均值从 5.56 增长至 10.92，年均增速 7.79%。河南省区域创新能力指数低于 30 个省区市平均值，且差距呈扩大趋势，差值从 1.94 扩大到 2.43（图 6-102）。

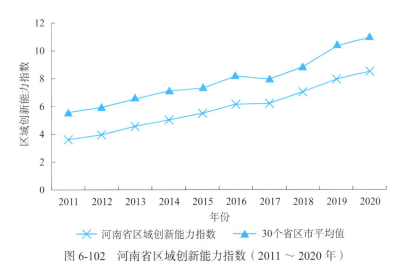

图 6-102　河南省区域创新能力指数（2011～2020 年）

2011～2020 年，河南省区域创新能力指数排名从第 17 位上升至第 15 位。从一级指数排名来看，河南省区域创新实力指数从第 13 位上升至第 12 位，区域创新效力指数从第 26 位上升至第 19 位（表 6-26）。

表 6-26　河南省区域创新能力指数排名（2011～2020 年）

指数	2011 年	2012 年	2013 年	2014 年	2015 年	2016 年	2017 年	2018 年	2019 年	2020 年
区域创新能力指数	17	18	18	16	17	16	16	15	15	15
——区域创新实力指数	13	13	14	12	10	10	11	11	12	12
——区域创新效力指数	26	23	23	22	23	23	21	19	21	19

（一）河南省区域创新实力指数

2011～2020 年，河南省区域创新实力指数从 3.17 增长至 8.32，年均增速 11.30%；同期，30 个省区市平均值从 4.08 增长至 9.72，年均增速 10.11%。河南省区域创新实力指数低于 30 个省区市平均值，且差距呈扩大趋势，差值从 0.91 扩大到 1.40（图 6-103）。

图 6-103　河南省区域创新实力指数（2011～2020 年）

2011～2020 年，河南省区域创新实力指数排名从第 13 位上升至第 12 位。从二级指数排名来看，河南省区域创新投入实力指数总体维持在第 10 位，区域创新条件实力指数总体维持在第 14 位，区域创新产出实力指数从第 14 位上升至第 13 位，区域创新影响实力指数从第 13 位上升至第 10 位（表 6-27）。

表 6-27　河南省区域创新实力指数排名（2011～2020 年）

指数	2011 年	2012 年	2013 年	2014 年	2015 年	2016 年	2017 年	2018 年	2019 年	2020 年
区域创新实力指数	13	13	14	12	10	10	11	11	12	12
——区域创新投入实力指数	10	8	10	11	7	9	10	10	10	10
——区域创新条件实力指数	14	14	14	14	14	14	14	14	13	14
——区域创新产出实力指数	14	15	16	14	13	13	12	12	12	13
——区域创新影响实力指数	13	12	7	6	5	6	6	9	11	10

2011～2020 年，河南省区域创新投入实力指数从 4.24 增长至 10.05，年均增速 10.07%；同期，30 个省区市平均值从 4.57 增长至 10.77，年均增速 9.98%。河南省区域创新投入实力指数在 30 个省区市平均值附近波动，且差距较小（图 6-104）。

图 6-104　河南省区域创新投入实力指数（2011～2020 年）

2011～2020 年，河南省区域创新条件实力指数从 3.66 增长至 7.33，年均增速 8.03%；同期，30 个省区市平均值从 5.07 增长至 10.41，年均增速 8.32%。河南省区域创新条件实力指数低于 30 个省区市平均值，且差距呈扩大趋势，差值从 1.41 扩大到 3.08（图 6-105）。

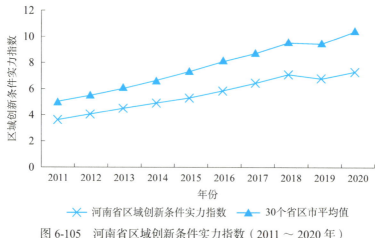

图 6-105　河南省区域创新条件实力指数（2011～2020 年）

2011～2020 年，河南省区域创新产出实力指数从 3.00 增长至 6.76，年均增速 9.44%；同期，30 个省区市平均值从 4.60 增长至 8.87，年均增速 7.58%。河南省区域创新产出实力指数低于 30 个省区市平均值，且差距呈扩大趋势，差值从 1.60 扩大到 2.12（图 6-106）。

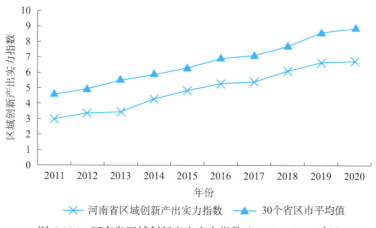

图 6-106　河南省区域创新产出实力指数（2011～2020 年）

2011～2020 年，河南省区域创新影响实力指数从 1.80 增长至 9.13，年均增速 19.79%；同期，30 个省区市平均值从 2.09 增长至 8.83，年均增速 17.35%。河南省区域创新影响实力指数从 2013 年开始高于 30 个省区市平均值，但差距不大（图 6-107）。

图 6-107　河南省区域创新影响实力指数（2011～2020 年）

（二）河南省区域创新效力指数

2011～2020 年，河南省区域创新效力指数从 4.07 增长至 8.66，年均增速 8.75%；同期，30 个省区市平均值从 7.04 增长至 12.12，年均增速 6.23%。河南省区域创新效力指数低于 30 个省区市平均值，且差距呈扩大趋势，差值从 2.97 扩大到 3.46（图 6-108）。

图 6-108　河南省区域创新效力指数（2011～2020 年）

2011～2020 年，河南省区域创新效力指数排名从第 26 位上升至第 19 位。从二级指数排名来看，河南省区域创新投入效力指数总体维持在第 18 位左右，区域创新条件效力指数从第 23 位下降至第 26 位，区域创新产出效力指数从第 28 位下降至第 29 位，区域创新影响效力指数从第 22 位上升至第 13位（表 6-28）。

表 6-28   河南省区域创新效力指数排名（2011～2020 年）

指数	2011 年	2012 年	2013 年	2014 年	2015 年	2016 年	2017 年	2018 年	2019 年	2020 年
区域创新效力指数	26	23	23	22	23	23	21	19	21	19
——区域创新投入效力指数	18	17	16	19	18	19	17	19	18	18
——区域创新条件效力指数	23	24	25	25	26	27	27	27	26	26
——区域创新产出效力指数	28	28	28	29	28	28	28	27	29	29
——区域创新影响效力指数	22	21	18	18	18	16	14	13	14	13

2011～2020 年，河南省区域创新投入效力指数从 5.77 增长至 9.31，年均增速 5.47%；同期，30 个省区市平均值从 8.56 增长至 12.71，年均增速4.49%。河南省区域创新投入效力指数低于 30 个省区市平均值，且差距呈扩大趋势，差值从 2.79 扩大到 3.40（图 6-109）。

图 6-109   河南省区域创新投入效力指数（2011～2020 年）

2011～2020 年，河南省区域创新条件效力指数从 0.92 增长至 2.01，年均增速 9.06%；同期，30 个省区市平均值从 3.04 增长至 6.15，年均增速 8.14%。河南省区域创新条件效力指数低于 30 个省区市平均值，且差距呈扩大趋势，差值从 2.12 扩大到 4.14（图 6-110）。

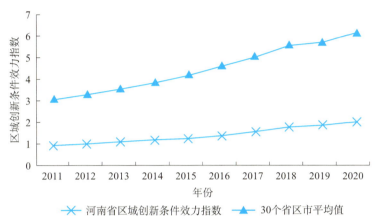

图 6-110　河南省区域创新条件效力指数（2011 ～ 2020 年）

2011 ～ 2020 年，河南省区域创新产出效力指数从 3.36 增长至 6.66，年均增速 7.89%；同期，30 个省区市平均值从 7.86 增长至 12.26，年均增速 5.06%。河南省区域创新产出效力指数低于 30 个省区市平均值，且差距呈扩大趋势，差值从 4.49 扩大到 5.59（图 6-111）。

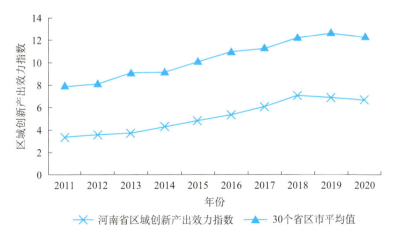

图 6-111　河南省区域创新产出效力指数（2011 ～ 2020 年）

2011 ～ 2020 年，河南省区域创新影响效力指数从 6.23 增长至 16.66，年均增速 11.55%；同期，30 个省区市平均值从 8.70 增长至 17.38，年均增速 7.99%。河南省区域创新影响效力指数基本低于 30 个省区市平均值，但差距 呈缩小趋势，差值从 2.46 缩减到 0.71（图 6-112）。

图 6-112　河南省区域创新影响效力指数（2011～2020 年）

第八节　湖　北　省

2020 年，湖北省区域创新发展指数在 30 个省区市中居第 11 位，区域创新能力指数居第 7 位，处于创新发展先进型省区市行列。

一、湖北省区域创新发展水平演进

2011～2020 年，湖北省区域创新发展指数从 6.08 增长至 11.68，年均增速 7.53%；同期，30 个省区市平均值从 20.05 增长至 27.43，年均增速 3.54%。湖北省区域创新发展指数低于 30 个省区市平均值，且差距呈扩大趋势，差值从 13.98 扩大到 15.75（图 6-113）。

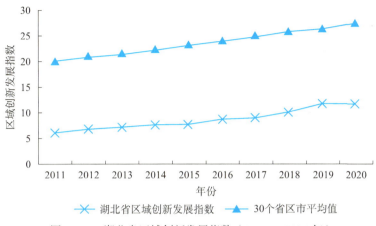

图 6-113 湖北省区域创新发展指数（2011～2020 年）

2011～2020 年，湖北省区域创新发展指数排名从第 12 位上升到第 11 位。从一级指数排名来看，湖北省区域科学技术发展指数从第 11 位上升到第 8 位，区域产业创新发展指数从第 12 位上升到第 9 位，区域社会创新发展指数从第 13 位下降到第 23 位，区域环境创新发展指数从第 16 位上升到第 14 位（表 6-29）。

表 6-29 湖北省区域创新发展指数排名（2011～2020 年）

指数	2011 年	2012 年	2013 年	2014 年	2015 年	2016 年	2017 年	2018 年	2019 年	2020 年
区域创新发展指数	12	11	10	11	11	12	11	11	9	11
——区域科学技术发展指数	11	11	8	8	9	9	8	9	8	8
——区域产业创新发展指数	12	8	10	13	16	13	11	11	9	9
——区域社会创新发展指数	13	14	14	18	19	23	23	20	22	23
——区域环境创新发展指数	16	15	12	11	13	16	13	13	12	14

2011～2020 年，湖北省区域科学技术发展指数从 3.99 增长至 13.50，年均增速 14.51%；同期，30 个省区市平均值从 4.68 增长至 11.33，年均增速 10.33%。湖北省区域科学技术发展指数自 2013 年开始高于 30 个省区市平均值，且差距呈扩大趋势，2013～2020 年差值从 0.08 扩大到 2.18（图 6-114）。

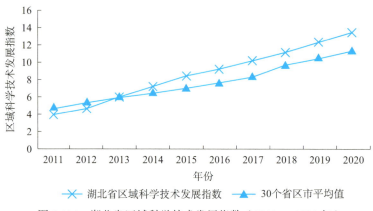

图 6-114　湖北省区域科学技术发展指数（2011～2020 年）

2011～2020 年，湖北省区域产业创新发展指数从 13.66 增长至 23.64，年均增速 6.28%；同期，30 个省区市平均值从 14.26 增长至 21.27，年均增速 4.54%。湖北省区域产业创新发展指数自 2017 年开始显著高于 30 个省区市平均值，且差距呈扩大趋势，2017～2020 年差值从 0.70 扩大到 2.37（图 6-115）。

图 6-115　湖北省区域产业创新发展指数（2011～2020 年）

2011～2020 年，湖北省区域社会创新发展指数从 28.88 增长至 35.88，年均增速 2.44%；同期，30 个省区市平均值从 29.76 增长至 37.65，年均增速 2.65%。湖北省区域社会创新发展指数低于 30 个省区市平均值，差距总体呈先扩大再缩小趋势（图 6-116）。

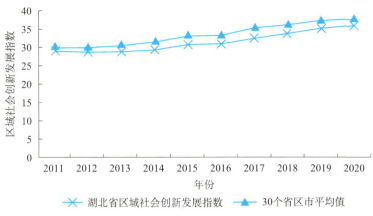

图 6-116　湖北省区域社会创新发展指数（2011～2020 年）

2011～2020 年，湖北省区域环境创新发展指数从 30.65 增长至 39.77，年均增速 2.94%；同期，30 个省区市平均值从 31.52 增长至 39.47，年均增速 2.53%。湖北省区域环境创新发展指数在 30 个省区市平均值附近上下波动，二者差距较小（图 6-117）。

图 6-117　湖北省区域环境创新发展指数（2011～2020 年）

二、湖北省区域创新能力演进

2011～2020 年，湖北省区域创新能力指数从 6.08 增长至 11.68，年均增速 7.53%；同期，30 个省区市平均值从 5.56 增长至 10.92，年均增速 7.79%。湖北省区域创新能力指数高于 30 个省区市平均值，但总体差距较小，差值从 0.52 扩大到 0.76（图 6-118）。

图 6-118　湖北省区域创新能力指数（2011 ～ 2020 年）

2011～2020 年，湖北省区域创新能力指数排名从第 9 位上升至第 7 位。从一级指数排名来看，湖北省区域创新实力指数稳定保持在第 7 位，区域创新效力指数虽有波动但仍维持在第 9 位上下（表 6-30）。

表 6-30　湖北省区域创新能力指数排名（2011 ～ 2020 年）

指数	2011 年	2012 年	2013 年	2014 年	2015 年	2016 年	2017 年	2018 年	2019 年	2020 年
区域创新能力指数	9	8	9	9	9	8	8	8	7	7
——区域创新实力指数	7	7	7	7	7	7	7	7	7	7
——区域创新效力指数	9	9	10	8	11	10	8	9	8	9

（一）湖北省区域创新实力指数

2011～2020 年，湖北省区域创新实力指数从 4.86 增长至 10.92，年均增速 9.41%；同期，30 个省区市平均值从 4.08 增长至 9.72，年均增速 10.11%。湖北省区域创新实力指数高于 30 个省区市平均值，且差距总体呈扩大趋势，差值从 0.78 扩大到 1.20（图 6-119）。

2011～2020 年，湖北省区域创新实力指数排名稳定在第 7 位。从二级指数排名来看，湖北省区域创新投入实力指数从第 7 位下降到第 8 位，区域创新条件实力指数从第 6 位下降到第 7 位，区域创新产出实力指数从第 7 位下降到第 8 位，区域创新影响实力指数从第 12 位上升到第 6 位（表 6-31）。

图 6-119 湖北省区域创新实力指数（2011～2020 年）

表 6-31 湖北省区域创新实力指数排名（2011～2020 年）

指数	2011 年	2012 年	2013 年	2014 年	2015 年	2016 年	2017 年	2018 年	2019 年	2020 年
区域创新实力指数	7	7	7	7	7	7	7	7	7	7
——区域创新投入实力指数	7	7	7	7	8	10	9	7	7	8
——区域创新条件实力指数	6	7	7	7	7	7	7	7	7	7
——区域创新产出实力指数	7	7	8	10	9	9	9	8	8	8
——区域创新影响实力指数	12	13	11	12	10	9	9	6	6	6

2011～2020 年，湖北省区域创新投入实力指数从 5.58 增长至 10.50，年均增速 7.29%；同期，30 个省区市平均值从 4.57 增长至 10.77，年均增速 9.98%。2011～2015 年，湖北省区域创新投入实力指数高于 30 个省区市平均值，从 2015 年起在 30 个省区市平均值附近上下波动，且差距较小（图 6-120）。

2011～2020 年，湖北省区域创新条件实力指数从 7.22 增长至 12.15，年均增速 5.96%；同期，30 个省区市平均值从 5.07 增长至 10.41，年均增速 8.32%。湖北省区域创新条件实力指数高于 30 个省区市平均值，但差距总体呈减小趋势，差值从 2.15 缩小到 1.74（图 6-121）。

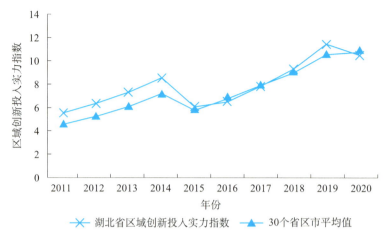

图 6-120　湖北省区域创新投入实力指数（2011～2020 年）

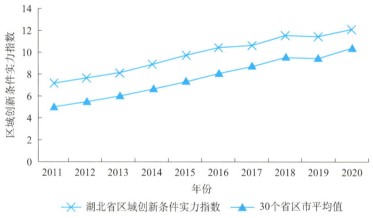

图 6-121　湖北省区域创新条件实力指数（2011～2020 年）

2011～2020 年，湖北省区域创新产出实力指数从 4.85 增长至 9.76，年均增速 8.08%；同期，30 个省区市平均值从 4.60 增长至 8.87，年均增速 7.58%。湖北省区域创新产出实力指数除 2014 年外均高于 30 个省区市平均值，自 2015 年起始终高于 30 个省区市平均值，且差距总体呈扩大趋势，2015～2020 年差值从 0.05 扩大到 0.88（图 6-122）。

2011～2020 年，湖北省区域创新影响实力指数从 1.80 增长至 11.28，年均增速 22.61%；同期，30 个省区市平均值从 2.09 增长至 8.83，年均增速 17.35%。湖北省区域创新影响实力指数自 2015 年起始终高于 30 个省区市平均值，且差距总体呈扩大趋势，2015～2020 年差值从 0.12 扩大至 2.45（图 6-123）。

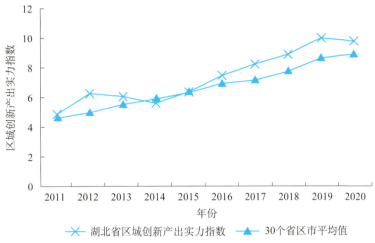

图 6-122　湖北省区域创新产出实力指数（2011～2020 年）

图 6-123　湖北省区域创新影响实力指数（2011～2020 年）

（二）湖北省区域创新效力指数

2011～2020 年，湖北省区域创新效力指数从 7.29 增长至 12.44，年均增速 6.11%；同期，30 个省区市平均值从 7.04 增长至 12.12，年均增速 6.23%。湖北省区域创新效力指数高于 30 个省区市平均值，但差距较小（图 6-124）。

图 6-124　湖北省区域创新效力指数（2011～2020 年）

2011～2020 年，湖北省区域创新效力指数排名虽有波动但仍维持在第
9 位。从二级指数排名来看，湖北省区域创新投入效力指数从第 8 位下降到
第 11 位，区域创新条件效力指数从第 9 位下降到第 11 位，区域创新产出效
力指数从第 16 位上升到第 11 位，区域创新影响效力指数从第 13 位下降到第
10 位（表 6-32）。

表 6-32　湖北省区域创新效力指数排名（2011～2020 年）

指数	2011 年	2012 年	2013 年	2014 年	2015 年	2016 年	2017 年	2018 年	2019 年	2020 年
区域创新效力指数	9	9	10	8	11	10	8	9	8	9
——区域创新投入效力指数	8	9	9	8	10	11	11	12	9	11
——区域创新条件效力指数	9	9	9	9	9	10	11	11	10	11
——区域创新产出效力指数	16	9	15	16	14	12	8	9	9	11
——区域创新影响效力指数	13	11	11	11	10	11	10	8	9	10

2011～2020 年，湖北省区域创新投入效力指数从 10.60 增长至 13.69，
年均增速 2.88%；同期，30 个省区市平均值从 8.56 增长至 12.71，年均增速
4.49%。湖北省区域创新投入效力指数高于 30 个省区市平均值，但差距总体
呈缩小趋势，差值从 2.04 缩小到 0.98（图 6-125）。

图 6-125　湖北省区域创新投入效力指数（2011～2020 年）

2011～2020 年，湖北省区域创新条件效力指数从 2.39 增长至 4.89，年均增速 8.28%；同期，30 个省区市平均值从 3.04 增长至 6.15，年均增速 8.14%。湖北省区域创新条件效力指数低于 30 个省区市平均值，且差距总体呈扩大趋势，差值从 0.65 扩大到 1.27（图 6-126）。

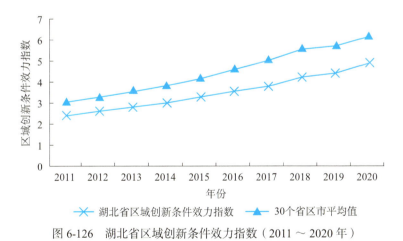

图 6-126　湖北省区域创新条件效力指数（2011～2020 年）

2011～2020 年，湖北省区域创新产出效力指数从 7.75 增长至 12.53，年均增速 5.49%；同期，30 个省区市平均值从 7.86 增长至 12.26，年均增速 5.06%。湖北省区域创新产出效力指数自 2016 年起始终高于 30 个省区市平均值，但差距呈先扩大后缩小趋势，2020 年差值仅为 0.28（图 6-127）。

图 6-127　湖北省区域创新产出效力指数（2011～2020 年）

2011～2020 年，湖北省区域创新影响效力指数从 8.44 增长至 18.66，年均增速 9.22%；同期，30 个省区市平均值从 8.70 增长至 17.38，年均增速 7.99%。湖北省区域创新影响效力指数自 2013 年开始高于 30 个省区市平均值，且差距呈先扩大再缩小趋势，2013～2020 年差值从 0.3 扩大至 1.28（图 6-128）。

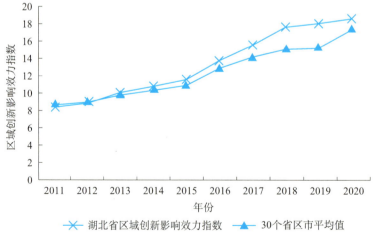

图 6-128　湖北省区域创新影响效力指数（2011～2020 年）

第九节 四 川 省

2020 年，四川省区域创新发展指数在 30 个省区市中居第 16 位，区域创新能力指数居第 12 位，处于创新发展先进型省区市行列。

一、四川省区域创新发展水平演进

2011～2020 年，四川省区域创新发展指数从 17.66 增长至 25.00，年均增速 3.94%；同期，30 个省区市平均值从 20.05 增长至 27.43，年均增速 3.54%。四川省区域创新发展指数低于 30 个省区市平均值，且差距呈波动扩大趋势，差值从 2.39 扩大到 2.43（图 6-129）。

图 6-129 四川省区域创新发展指数（2011～2020 年）

2011～2020 年，四川省区域创新发展指数排名从第 20 位波动上升到第 16 位。从一级指数排名来看，四川省区域科学技术发展指数从第 19 位上升到第 12 位，区域产业创新发展指数从第 13 位上升到第 11 位，区域社会创新发展指数从第 25 位下降到第 26 位，区域环境创新发展指数从第 19 位下降到第 22 位（表 6-33）。

表 6-33　四川省区域创新发展指数排名（2011～2020 年）

指数	2011 年	2012 年	2013 年	2014 年	2015 年	2016 年	2017 年	2018 年	2019 年	2020 年
区域创新发展指数	20	21	19	16	18	17	17	16	15	16
——区域科学技术发展指数	19	19	18	17	16	17	17	12	10	12
——区域产业创新发展指数	13	11	11	11	15	10	13	10	11	11
——区域社会创新发展指数	25	24	24	22	21	22	21	24	23	26
——区域环境创新发展指数	19	20	23	22	21	22	19	19	20	22

2011～2020 年，四川省区域科学技术发展指数从 2.36 增长至 9.53，年均增速 16.79%；同期，30 个省区市平均值从 4.68 增长至 11.33，年均增速 10.33%。四川省区域科学技术发展指数低于 30 个省区市平均值，但差距呈缩小趋势，差值从 2.32 波动缩小到 1.80（图 6-130）。

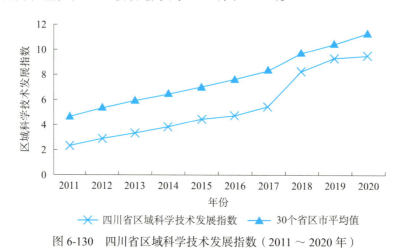

图 6-130　四川省区域科学技术发展指数（2011～2020 年）

2011～2020 年，四川省区域产业创新发展指数从 13.53 增长至 22.40，年均增速 5.76%；同期，30 个省区市平均值从 14.26 增长至 21.27，年均增速 4.54%。四川省区域产业创新发展指数从自 2016 年开始持续高于 30 个省区市平均值，且差距呈扩大趋势，2016～2020 年差值从 0.97 扩大至 1.13（图 6-131）。

图 6-131　四川省区域产业创新发展指数（2011～2020 年）

2011～2020 年，四川省区域社会创新发展指数从 26.44 增长至 35.05，年均增速 3.18%；同期，30 个省区市平均值从 29.76 增长至 37.65，年均增速 2.65%。四川省区域社会创新发展指数低于 30 个省区市平均值，但差距总体呈缩小趋势，差值从 3.32 缩小到 2.60（图 6-132）。

图 6-132　四川省区域社会创新发展指数（2011～2020 年）

2011～2020 年，四川省区域环境创新发展指数从 28.32 增长至 33.04，年均增速 1.73%；同期，30 个省区市平均值从 31.52 增长至 39.47，年均增速 2.53%。四川省区域环境创新发展指数低于 30 个省区市平均值，且差距总体呈扩大趋势，差值从 3.20 扩大到 6.43（图 6-133）。

图 6-133　四川省区域环境创新发展指数（2011 ～ 2020 年）

二、四川省区域创新能力演进

2011～2020 年，四川省区域创新能力指数从 4.80 增长至 10.14，年均增速 8.66%；同期，30 个省区市平均值从 5.56 增长至 10.92，年均增速 7.79%。四川省区域创新能力指数低于 30 个省区市平均值，但总体差距不大（图 6-134）。

图 6-134　四川省区域创新能力指数（2011 ～ 2020 年）

2011～2020 年，四川省区域创新能力指数排名从第 14 位上升至第 12 位。从一级指数排名来看，四川省区域创新实力指数从第 10 位上升至第 9 位，区域创新效力指数从第 18 位上升至第 16 位（表 6-34）。

表 6-34　四川省区域创新能力指数排名（2011～2020 年）

指数	2011 年	2012 年	2013 年	2014 年	2015 年	2016 年	2017 年	2018 年	2019 年	2020 年
区域创新能力指数	14	14	13	11	13	12	11	12	13	12
——区域创新实力指数	10	9	9	8	9	9	8	8	8	9
——区域创新效力指数	18	18	17	15	16	16	16	18	16	16

（一）四川省区域创新实力指数

2011～2020 年，四川省区域创新实力指数从 3.76 增长至 10.23，年均增速 11.75%；同期，30 个省区市平均值从 4.08 增长至 9.72，年均增速 10.11%。四川省区域创新实力指数在 30 个省区市平均值附近上下徘徊，自 2016 年起不再低于 30 个省区市平均值，2020 年二者差值达到 0.51（图 6-135）。

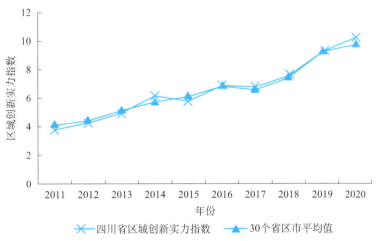

图 6-135　四川省区域创新实力指数（2011～2020 年）

2011～2020 年，四川省区域创新实力指数排名从第 10 位上升到第 9 位。从二级指数排名来看，四川省区域创新投入实力指数从第 12 位上升到第 7位，区域创新条件实力指数从第 10 位上升到第 8 位，区域创新产出实力指数从第 9 位下降到第 10 位，区域创新影响实力指数从第 10 位下降到第 11 位（表 6-35）。

表 6-35   四川省区域创新实力指数排名（2011～2020 年）

指数	2011 年	2012 年	2013 年	2014 年	2015 年	2016 年	2017 年	2018 年	2019 年	2020 年
区域创新实力指数	10	9	9	8	9	9	8	8	8	9
——区域创新投入实力指数	12	12	11	9	11	8	7	8	8	7
——区域创新条件实力指数	10	10	9	9	9	9	9	9	8	8
——区域创新产出实力指数	9	8	9	8	8	8	8	9	10	10
——区域创新影响实力指数	10	9	9	8	16	13	12	12	13	11

2011～2020 年，四川省区域创新投入实力指数从 3.89 增长至 12.73，年均增速 14.08%；同期，30 个省区市平均值从 4.57 增长至 10.77，年均增速 9.98%。四川省区域创新投入实力指数与 30 个省区市平均值差距较小，但 2020 年显著高于 30 个省区市平均值，差值达到 1.96（图 6-136）。

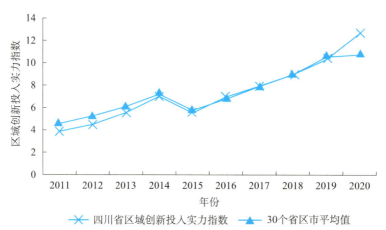

图 6-136   四川省区域创新投入实力指数（2011～2020 年）

2011～2020 年，四川省区域创新条件实力指数从 4.63 增长至 10.34，年均增速 9.33%；同期，30 个省区市平均值从 5.07 增长至 10.41，年均增速 8.32%。四川省区域创新条件实力指数在 30 个省区市平均值附近上下波动，二者差距较小（图 6-137）。

图 6-137 四川省区域创新条件实力指数（2011～2020 年）

2011～2020 年，四川省区域创新产出实力指数从 4.66 增长至 8.88，年均增速 7.42%；同期，30 个省区市平均值从 4.60 增长至 8.87，年均增速 7.58%。四川省区域创新产出实力指数高于 30 个省区市平均值，差距呈先扩大后缩小趋势（图 6-138）。

图 6-138 四川省区域创新产出实力指数（2011～2020 年）

2011～2020 年，四川省区域创新影响实力指数从 1.87 增长至 8.97，年均增速 19.04%；同期，30 个省区市平均值从 2.09 增长至 8.83，年均增速 17.35%。四川省区域创新影响实力指数在 30 个省区市平均值附近上下波动，差距呈现先扩大后缩小趋势（图 6-139）。

图 6-139 四川省区域创新影响实力指数（2011 ～ 2020 年）

（二）四川省区域创新效力指数

2011～2020 年，四川省区域创新效力指数从 5.83 增长至 10.04，年均增速 6.22%；同期，30 个省区市平均值从 7.04 增长至 12.12，年均增速 6.23%。四川省区域创新效力指数低于 30 个省区市平均值，且差距呈扩大趋势，差值从 1.20 扩大到 2.08（图 6-140）。

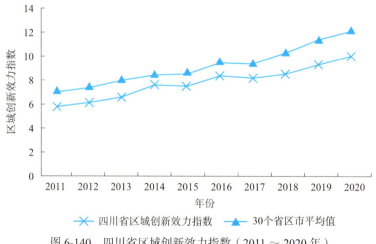

图 6-140 四川省区域创新效力指数（2011 ～ 2020 年）

2011～2020 年，四川省区域创新效力指数排名从第 18 位上升到第 16 位。从二级指数排名来看，四川省区域创新投入效力指数从第 14 位下降到第 15 位，区域创新条件效力指数从第 18 位下降到第 19 位，区域创新产出效力指数从第 11 位下降到第 17 位，区域创新影响效力指数从第 21 位上升到第 16 位（表 6-36）。

表 6-36　四川省区域创新效力指数排名（2011～2020 年）

指数	2011 年	2012 年	2013 年	2014 年	2015 年	2016 年	2017 年	2018 年	2019 年	2020 年
区域创新效力指数	18	18	17	15	16	16	16	18	16	16
——区域创新投入效力指数	14	15	15	13	13	12	15	15	15	15
——区域创新条件效力指数	18	18	19	19	19	19	19	20	18	19
——区域创新产出效力指数	11	11	11	7	9	10	11	12	15	17
——区域创新影响效力指数	21	20	21	20	20	21	19	19	16	16

2011～2020 年，四川省区域创新投入效力指数从 7.42 增长至 11.96，年均增速 5.45%；同期，30 个省区市平均值从 8.56 增长至 12.71，年均增速 4.49%。四川省区域创新投入效力指数低于 30 个省区市平均值，但差距总体呈缩小趋势，差值从 1.14 缩小到 0.74（图 6-141）。

图 6-141　四川省区域创新投入效力指数（2011～2020 年）

2011～2020 年，四川省区域创新条件效力指数从 1.25 增长至 2.91，年均增速 9.89%；同期，30 个省区市平均值从 3.04 增长至 6.15，年均增速 8.14%。四川省区域创新条件效力指数低于 30 个省区市平均值，且差距呈波动扩大趋势，差值 1.80 扩大到 3.24（图 6-142）。

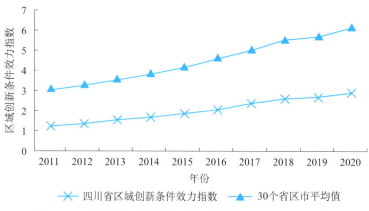

图 6-142　四川省区域创新条件效力指数（2011～2020 年）

2011～2020 年，四川省区域创新产出效力指数从 8.33 增长至 10.87，年均增速 3.00%；同期，30 个省区市平均值从 7.86 增长至 12.26，年均增速 5.06%。四川省区域创新产出效力指数自 2018 年开始低于 30 个省区市平均值，且差距呈扩大趋势，2018～2020 年差值从 0.15 扩大至 1.39（图 6-143）。

图 6-143　四川省区域创新产出效力指数（2011～2020 年）

2011～2020 年，四川省区域创新影响效力指数从 6.34 增长至 14.43，年均增速 9.57%；同期，30 个省区市平均值从 8.70 增长至 17.38，年均增速 7.99%。四川省区域创新影响效力指数低于 30 个省区市平均值，且差距总体呈扩大趋势，差值从 2.36 扩大到 2.95（图 6-144）。

图 6-144 四川省区域创新影响效力指数（2011～2020 年）

第十节 河 北 省

2020 年，河北省区域创新发展指数在 30 个省区市中居第 19 位，区域创新能力指数居第 18 位，处于创新发展追赶型省区市行列。

一、河北省区域创新发展水平演进

2011～2020 年，河北省区域创新发展指数从 15.84 增长至 23.54，年均增速 4.50%；同期，30 个省区市平均值从 20.05 增长至 27.43，年均增速 3.54%。河北省区域创新发展指数低于 30 个省区市平均值，但差距总体呈缩小趋势，差值从 4.22 缩小到 3.89（图 6-145）。

2011～2020 年，河北省区域创新发展指数排名从第 28 位上升至第 19 位。从一级指数排名来看，河北省区域科学技术发展指数从第 25 位上升至第 19 位，区域产业创新发展指数从第 14 位下降至第 20 位，区域社会创新发展指数从第 28 位上升至第 25 位，区域环境创新发展指数从第 28 位上升至第 18 位（表 6-37）。

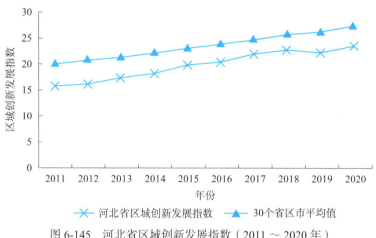

图 6-145　河北省区域创新发展指数（2011～2020 年）

表 6-37　河北省区域创新发展指数排名（2011～2020 年）

指数	2011 年	2012 年	2013 年	2014 年	2015 年	2016 年	2017 年	2018 年	2019 年	2020 年
区域创新发展指数	28	27	25	25	23	23	18	20	21	19
——区域科学技术发展指数	25	26	24	24	24	22	24	22	20	19
——区域产业创新发展指数	14	18	14	15	20	20	17	20	20	20
——区域社会创新发展指数	28	28	26	27	23	27	20	19	19	25
——区域环境创新发展指数	28	28	26	25	17	17	15	15	21	18

2011～2020 年，河北省区域科学技术发展指数从 1.75 增长至 6.24，年均增速 15.18%；同期，30 个省区市平均值从 4.68 增长至 11.33，年均增速 10.33%。河北省区域科学技术发展指数低于 30 个省区市平均值，且差距呈扩大趋势，差值从 2.93 扩大到 5.08（图 6-146）。

2011～2020 年，河北省区域产业创新发展指数从 13.51 波动增长至 18.41，年均增速 3.49%；同期，30 个省区市平均值从 14.26 增长至 21.27，年均增速 4.54%。河北省区域产业创新发展指数低于 30 个省区市平均值，且差距呈波动扩大趋势，差值从 0.75 扩大到 2.86（图 6-147）。

图 6-146   河北省区域科学技术发展指数（2011～2020年）

图 6-147   河北省区域产业创新发展指数（2011～2020年）

2011～2020年，河北省区域社会创新发展指数从25.63增长至35.61，年均增速3.72%；同期，30个省区市平均值从29.76增长至37.65，年均增速2.65%。河北省区域社会创新发展指数低于30个省区市平均值，但差距呈波动缩小趋势，差值从4.13缩小到2.04（图6-148）。

2011～2020年，河北省区域环境创新发展指数从22.46增长至33.90，年均增速4.68%；同期，30个省区市平均值从31.52增长至39.47，年均增速2.53%。河北省区域环境创新发展指数低于30个省区市平均值，但差距总体呈缩小趋势，差值从9.07缩小到5.57（图6-149）。

图 6-148　河北省区域社会创新发展指数（2011～2020 年）

图 6-149　河北省区域环境创新发展指数（2011～2020 年）

二、河北省区域创新能力演进

2011～2020 年，河北省区域创新能力指数从 3.02 增长至 7.08，年均增速 9.93%；同期，30 个省区市平均值从 5.56 增长至 10.92，年均增速 7.79%。河北省区域创新能力指数低于 30 个省区市平均值，且差距总体呈扩大趋势，差值从 2.54 扩大到 3.85（图 6-150）。

2011～2020 年，河北省区域创新能力指数排名从第 23 位上升至第 18 位。从一级指数排名来看，河北省区域创新实力指数从第 16 位上升至第 15 位，区域创新效力指数从第 28 位上升至第 22 位（表 6-38）。

图 6-150 河北省区域创新能力指数（2011～2020 年）

表 6-38 河北省区域创新能力指数排名（2011～2020 年）

指数	2011 年	2012 年	2013 年	2014 年	2015 年	2016 年	2017 年	2018 年	2019 年	2020 年
区域创新能力指数	23	21	20	20	19	19	19	20	18	18
——区域创新实力指数	16	17	16	16	16	16	16	16	16	15
——区域创新效力指数	28	26	26	24	25	26	23	23	22	22

（一）河北省区域创新实力指数

2011～2020 年，河北省区域创新实力指数从 2.17 增长至 6.26，年均增速 12.50%；同期，30 个省区市平均值从 4.08 增长至 9.72，年均增速 10.11%。河北省区域创新实力指数低于 30 个省区市平均值，且差距呈波动扩大趋势，差值从 1.91 扩大到 3.46（图 6-151）。

2011～2020 年，河北省区域创新实力指数排名从第 16 位上升至第 15 位。从二级指数排名来看，河北省区域创新投入实力指数从第 16 位上升至第 15 位，区域创新条件实力指数从第 19 位上升至第 15 位，区域创新产出实力指数从第 18 位上升至第 15 位，区域创新影响实力指数从第 17 位上升至第 15 位（表 6-39）。

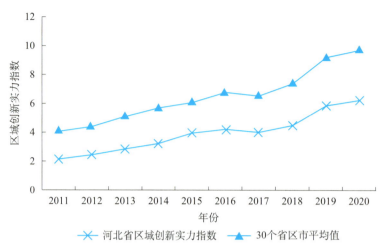

图 6-151　河北省区域创新实力指数（2011～2020年）

表 6-39　河北省区域创新实力指数排名（2011～2020年）

指数	2011年	2012年	2013年	2014年	2015年	2016年	2017年	2018年	2019年	2020年
区域创新实力指数	16	17	16	16	16	16	16	16	16	15
——区域创新投入实力指数	16	16	16	16	15	15	15	15	14	15
——区域创新条件实力指数	19	19	17	17	16	16	16	16	16	15
——区域创新产出实力指数	18	19	18	17	18	18	16	16	15	15
——区域创新影响实力指数	17	15	15	15	13	14	13	15	15	15

　　2011～2020年，河北省区域创新投入实力指数从 2.70 增长至 6.20，年均增速 9.68%；同期，30个省区市平均值从 4.57 增长至 10.77，年均增速 9.98%。河北省区域创新投入实力指数低于 30个省区市平均值，且差距呈波动扩大趋势，差值从 1.87 扩大到 4.57（图 6-152）。

　　2011～2020年，河北省区域创新条件实力指数从 2.61 增长至 6.62，年均增速 10.89%；同期，30个省区市平均值从 5.07 增长至 10.41，年均增速 8.32%。河北省区域创新条件实力指数低于 30个省区市平均值，且差距总体呈扩大趋势，差值从 2.46 扩大到 3.79（图 6-153）。

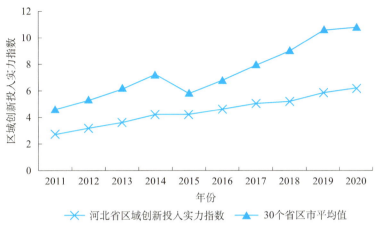

图 6-152　河北省区域创新投入实力指数（2011～2020年）

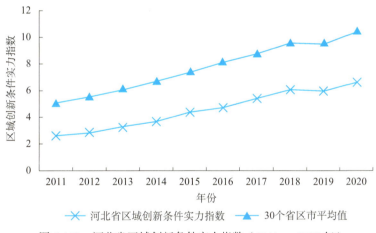

图 6-153　河北省区域创新条件实力指数（2011～2020年）

2011～2020年，河北省区域创新产出实力指数从2.24增长至5.30，年均增速10.05%；同期，30个省区市平均值从4.60增长至8.87，年均增速7.58%。河北省区域创新产出实力指数低于30个省区市平均值，且差距总体呈扩大趋势，差值从2.36扩大到3.57（图6-154）。

2011～2020年，河北省区域创新影响实力指数从1.13增长至6.93，年均增速22.36%；同期，30个省区市平均值从2.09增长至8.83，年均增速17.35%。河北省区域创新影响实力指数低于30个省区市平均值，且差距总体呈扩大趋势，差值从0.96扩大到1.90（图6-155）。

图 6-154　河北省区域创新产出实力指数（2011～2020 年）

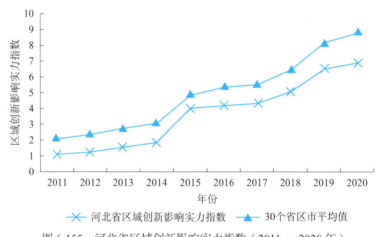

图 6-155　河北省区域创新影响实力指数（2011～2020 年）

（二）河北省区域创新效力指数

2011～2020 年，河北省区域创新效力指数从 3.87 增长至 7.89，年均增速 8.24%；同期，30 个省区市平均值从 7.04 增长至 12.12，年均增速 6.23%。河北省区域创新效力指数低于 30 个省区市平均值，且差距总体呈扩大趋势，差值从 3.17 扩大到 4.23（图 6-156）。

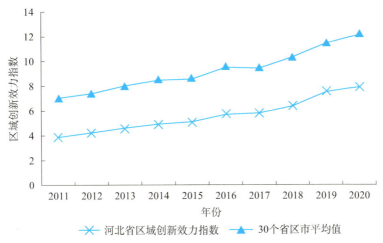

图 6-156 河北省区域创新效力指数（2011～2020 年）

2011～2020 年，河北省区域创新效力指数排名从第 28 位上升至第 22 位。从二级指数排名来看，河北省区域创新投入效力指数从第 21 位上升至第 17 位，区域创新条件效力指数从第 22 位上升至第 21 位，区域创新产出效力指数从第 27 位下降至第 28 位，区域创新影响效力指数从第 24 位波动上升至第 21 位（表 6-40）。

表 6-40 河北省区域创新效力指数排名（2011～2020 年）

指数	2011 年	2012 年	2013 年	2014 年	2015 年	2016 年	2017 年	2018 年	2019 年	2020 年
区域创新效力指数	28	26	26	24	25	26	23	23	22	22
——区域创新投入效力指数	21	20	19	18	15	17	16	18	16	17
——区域创新条件效力指数	22	23	22	22	22	23	24	24	22	21
——区域创新产出效力指数	27	27	27	28	29	29	29	29	26	28
——区域创新影响效力指数	24	22	22	22	22	22	22	21	20	21

2011～2020 年，河北省区域创新投入效力指数从 5.12 增长至 10.07，年均增速 7.81%；同期，30 个省区市平均值从 8.56 增长至 12.71，年均增速 4.49%。河北省区域创新投入效力指数低于 30 个省区市平均值，但差距总体呈缩小趋势，差值从 3.44 缩小到 2.63（图 6-157）。

图 6-157   河北省区域创新投入效力指数（2011～2020 年）

2011～2020 年，河北省区域创新条件效力指数从 0.97 增长至 2.50，年均增速 11.08%；同期，30 个省区市平均值从 3.04 增长至 6.15，年均增速 8.14%。河北省区域创新条件效力指数低于 30 个省区市平均值，且差距呈扩大趋势，差值从 2.07 扩大到 3.65（图 6-158）。

图 6-158   河北省区域创新条件效力指数（2011～2020 年）

2011～2020 年，河北省区域创新产出效力指数从 3.70 波动增长至 7.62，年均增速 8.35%；同期，30 个省区市平均值从 7.86 波动增长至 12.26，年均增速 5.06%。河北省区域创新产出效力指数低于 30 个省区市平均值，且差距总体呈扩大趋势，差值从 4.16 扩大到 4.63（图 6-159）。

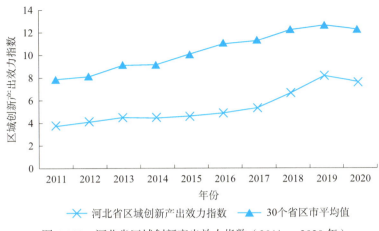

图 6-159　河北省区域创新产出效力指数（2011～2020 年）

2011～2020 年，河北省区域创新影响效力指数从 5.68 波动增长至 11.37，年均增速 8.01%；同期，30 个省区市平均值从 8.70 增长至 17.38，年均增速 7.99%。河北省区域创新影响效力指数低于 30 个省区市平均值，且差距呈波动扩大趋势，差值从 3.01 扩大到 6.01（图 6-160）。

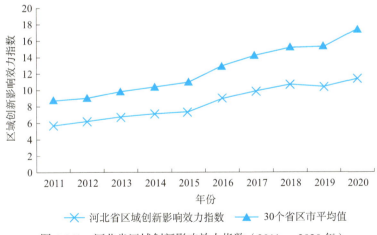

图 6-160　河北省区域创新影响效力指数（2011～2020 年）